烏日克 編著

古城底蘊

千古傳奇的魅力古城

U0075116

崧燁文化

目錄

序言

文化是民族的血脈，是人民的精神家園。

文化是立國之根，最終體現在文化的發展繁榮。博大精深的中華優秀傳統文化是我們在世界文化激盪中站穩腳跟的根基。中華文化源遠流長，積澱著中華民族最深層的精神追求，代表著中華民族獨特的精神標識，為中華民族生生不息、發展壯大提供了豐厚滋養。我們要認識中華文化的獨特創造、價值理念、鮮明特色，增強文化自信和價值自信。

面對世界各國形形色色的文化現象，面對各種眼花繚亂的現代傳媒，要堅持文化自信，古為今用、洋為中用、推陳出新，有鑑別地加以對待，有揚棄地予以繼承，傳承和昇華中華優秀傳統文化，增強國家文化軟實力。

浩浩歷史長河，熊熊文明薪火，中華文化源遠流長，滾滾黃河、滔滔長江，是最直接源頭，這兩大文化浪濤經過千百年沖刷洗禮和不斷交流、融合以及沉澱，最終形成了求同存異、兼收並蓄的輝煌燦爛的中華文明，也是世界上唯一綿延不絕而從沒中斷的古老文化，並始終充滿了生機與活力。

中華文化曾是東方文化搖籃，也是推動世界文明不斷前行的動力之一。早在五百年前，中華文化的四大發明催生了歐洲文藝復興運動和地理大發現。中國四大發明先後傳到西方，對於促進西方工業社會發展和形成，曾造成了重要作用。

中華文化的力量，已經深深熔鑄到我們的生命力、創造力和凝聚力中，是我們民族的基因。中華民族的精神，也已深深植根於綿延數千年的優秀文化傳統之中，是我們的精神家園。

總之，中華文化博大精深，是中華各族人民五千年來創造、傳承下來的物質文明和精神文明的總和，其內容包羅萬象，浩若星漢，具有很強文化縱深，蘊含豐富寶藏。我們要實現中華文化偉大復興，首先要站在傳統文化前沿，薪火相傳，一脈相承，弘揚和發展五千年來優秀的、光明的、先進的、科學的、文明的和自豪的文化現象，融合古今中外一切文化精華，構建具有

中華文化特色的現代民族文化，向世界和未來展示中華民族的文化力量、文化價值、文化形態與文化風采。

為此，在有關專家指導下，我們收集整理了大量古今資料和最新研究成果，特別編撰了本套大型書系。主要包括獨具特色的語言文字、浩如煙海的文化典籍、名揚世界的科技工藝、異彩紛呈的文學藝術、充滿智慧的中國哲學、完備而深刻的倫理道德、古風古韻的建築遺存、深具內涵的自然名勝、悠久傳承的歷史文明，還有各具特色又相互交融的地域文化和民族文化等，充分顯示了中華民族厚重文化底蘊和強大民族凝聚力，具有極強系統性、廣博性和規模性。

本套書系的特點是全景展現，縱橫捭闔，內容採取講故事的方式進行敘述，語言通俗，明白曉暢，圖文並茂，形象直觀，古風古韻，格調高雅，具有很強的可讀性、欣賞性、知識性和延伸性，能夠讓廣大讀者全面觸摸和感受中華文化的豐富內涵。

肖東發

最古名城　荊州古城

　　荊州城，又名江陵城，是中國歷史文化名城之一。荊州是可與古希臘、古羅馬文化相媲美的楚文化的發祥地。

　　春秋戰國時期的楚國，在城北的紀南城建都長達四百多年，留下了豐厚的歷史文化遺存，其古老底蘊，可上溯到綿延久遠的史前時期。不僅是三國文化誕生和繁衍的歷史聖地，更是歷代王朝封王置府的重鎮。魏、蜀、吳三國時代，這裡曾是兵家必爭的策略要地，至漢代時，又是中國商業都會之一。

█周厲王時期荊州始築城牆

　　荊州位於湖北省中南部，人們時常說的俗語「大意失荊州」，典故就出在這裡。荊州作為中國歷史文化名城，保存眾多的名勝古蹟，其中最有名的就是荊州古城。

　　距今五六萬年前的雞公山舊石器時代遺址就在古城東北；古城附近已經發現的新石器時代遺址很多處。無可置疑的史蹟告訴人們，荊州這塊古老的熱土有著悠久燦爛的歷史文化。

■荊州城城門

■荊州城城牆

位於湖北省荊州市小北門外的郢北村雞公山遺址，是一處舊石器晚期遺址。遺址內不僅出土了數以萬計的打製石器、石核和石器廢料，而且發現了豐富的遺跡現象，在遺址中部有數個由大量石器圍成的不規則形空地。

雞公山遺址是一處長期使用並保存完好的石器製作場，填補了中國舊石器時代平原居址的空白。

據《後漢書》地理志記載，早在兩千八百多年前的周厲王時期，荊州就已開始修築城牆。此後歷朝歷代都對城牆加以修繕。

春秋戰國時期，荊州古城牆曾是楚國的官船碼頭和渚宮，後成為江陵縣治所，出現了最初城郭。經過幾百年的風雨，後世所存的古城牆大部分是明末清初的建築。古城的磚城逶迤挺拔、完整而又堅固，是中國府城中保存最完好的古城垣。

《後漢書》由中國南朝時期歷史學家范曄編撰，是一部記載東漢歷史的紀傳體斷代史，是中國「二十四史」之一。與《史記》、《漢書》、《三國志》

合稱「四史」。書中分十紀、八十列傳和八志。《後漢書》全書記述了上起東漢的漢光武帝公元二十五年，下至公元二二〇年間，共一百九十五年的史事。

該城保存完整，有東南西北四個老城門以及一個新南門。城內有玄妙觀、關帝廟及鐵女寺等。荊州城北的紀南城是春秋戰國時期楚國的都城，保存得也較為完好。

楚紀南故城是春秋戰國時期楚國的都城，當時稱為「郢都」，因為城在紀山的南邊，也稱「紀郢」。西晉學者杜預在《左傳》的註釋中始將郢都改稱「紀南城」。

杜預，字元凱，京兆杜陵，即陝西西安人，西晉著名的政治家、軍事家和學者，滅吳統一戰爭的統帥之一。官至司隸校尉。功成之後，耽思經籍，博學多通，多有建樹，被譽為「杜武庫」。著有《春秋左氏經傳集解》及《春秋釋例》等。

從公元前六八九年楚文王遷都郢至公元前二七八年，秦將白

■荊州古城遠景

起攻取克郢都，前後共四百多年，楚國共有二十代國王在此建都。楚文王，楚武王子，羋姓，熊氏，名貲。公元前六八九年，熊貲繼武王位為楚國國君，是為楚文王。繼位時已人到中年，性格鋒芒畢露。但是，他也是一位很有作

為的國君，為了奠定楚國的根基，他即位後採取的第一大策略行動就是把都城定在郢，今湖北江陵紀南城。

在此期間，楚國還統一了近五十個小國，勢力極大。楚國全盛時期，紀南城也成為楚國的政治、文化、經濟中心，是當時南方的第一大都會。

紀南城址規模宏大，有七座城門。北垣和南垣古河道入口處均為水門。水門缺口東側城垣上有一夯土台基。

城垣四周環繞有護城壕遺址，城內已探出東周夯土台基幾十座，以中部偏東南處最為密集，當為宮殿區。其東側和北側還探出牆基遺址。

城內有三條古河道。冶煉作坊區在城西南部。宮城以西的陳家台曾發現兩座鑄爐，爐底和附近還發現有錫渣、銅渣、鼓風管和殘陶范等。

宮城北面的龍橋河兩側，曾發現窯址、水井以及牆基、散水、下水管道等遺跡，並有大片瓦礫堆積，應是當時燒製陶瓦陶用品和市民居住生活的地區。

全城共有水井幾百口，以宮城以北的龍橋河兩側最多，有土井、陶圈井、竹圈井和木圈井。有的井底遺留一大陶甕，當為冷藏窖。出土遺物以陶瓦的數量最多，有筒瓦和板瓦兩類。

城內西北部發現兩處墓地，已發掘的均是春秋晚期的小型楚墓。地面有封土堆的大中型古塚八百多座，多數是春秋晚期至戰國中晚期之交，與遺址的堆積和出土遺物的年代基本一致。這大體表明了古城的繁榮時期。

三國時期，荊州是爭霸要津。赤壁之戰後，曹操、劉備和孫權三家分荊州。公元二〇九年，周瑜打敗曹仁，奪取南郡，孫權拜周瑜為偏將軍，領南郡太守，駐江陵。公元二一〇年，周瑜死後，孫權採納魯肅建議，把自己所據的部分「借」給劉備，於是劉備占有荊州絕大部分的地盤。

■荊州城內的古建築

■孫權（公元一八二年至二五二年），字仲謀，祖籍浙江富陽，三國時期吳國的開國皇帝，公元二二九年至二五二年在位。公元二〇八年，孫權與劉備聯盟，在赤壁打敗曹操，天下三分的局面初步形成。

在中國古典文學名著《三國演義》中，一百二十回中，就有七十二回的內容涉及荊州。「劉備借荊州」、「關羽大意失荊州」等膾炙人口的故事，就發生在這塊古老的土地上。

公安門位於古城牆東南角，又稱小東門，是古城唯一的水門。如今水門碼頭雖早已失去它的功用，但碼頭之上的青石護岸欄杆，上下碼頭的石階仍清晰可辨。

公元二一〇年，立營公安縣的劉備，從接替周瑜執掌帥印的魯肅手中僥倖借得荊州，並派關羽鎮守，他自己仍紮營公安。

■曹操（公元一五五年至二二〇年），字孟德，一名吉利，小字阿瞞，今安徽省亳州人。東漢末年著名政治家、軍事家、文學家、書法家。三國中曹魏政權的締造者。其子曹丕稱帝後，追封為魏武帝。曹操的文章史稱建安風骨。

以後劉備每次經公安來到荊州視察防務,都要經過水路,由小東門碼頭登岸入城。

為了紀念這段難忘的歷史,後人就用劉備駐守之地的公安代稱小東門。年深日久,小東門稱謂淡化,公安門便成了慣稱。

此後,東晉末年的安帝,南朝時的齊和帝、梁元帝、後梁宣帝,隋朝後的後梁王以及唐末五代十國時的南平國王等,先後有十一個紛爭王侯在此稱帝、稱王,並建都,歷時一百多年。

【閱讀連結】

在荊州城大北門金水橋外有一條街道,叫得勝街。這條街道連同洗馬池都是大有來頭的。

傳說,關羽鎮守荊州時,曾在沔水與曹軍遭遇,並展開激烈戰鬥,關羽獲得勝利。隨後,關羽班師凱旋進城,沿街百姓自發聚集歡迎得勝將士。一時間,鞭炮聲聲,載歌載舞。

關羽得勝回城受到如此盛大的歡迎,喜不自勝,進城後,看到他的坐騎赤兔馬滿身征塵,頓生憐惜之情。關羽見北門內東側有一個清澈見底的池塘,

便策馬而至，親手為赤兔馬洗滌。百姓親眼目睹此景，甚為感念，遂將此塘謂之洗馬池。

唐代始建玄妙觀和兩座寺院

鐵女寺內的古塔

　　唐朝時期，荊州被作為陪都，稱南郡，與長安城南北呼應。荊州在中國漫長歷史的演進中，所處的這種重中之重的地位和作用，有力地促進了荊州古城的發展與進步。

　　這一時期著名的建築有鐵女寺、開元寺、玄妙觀以及荊州古城牆等。

　　到了明代洪武年間，遼王朱植改藩荊州後才重新修建了此寺。

門內赫然兀立大石碑，正面為一巨大「佛」字，背面就是朱植的《鐵女寺碑記》。二鐵女置於大雄寶殿內，其形態模糊，如坐似立。鐵女寺規模雖算不上宏大，但其特有的來龍去脈和古建勝蹟卻使其魅力獨具，香火、遊人不斷。

鐵女寺建於公元六二九年，距荊州古城北門樓只一箭之地。隨著年代的久遠，鐵女寺廟幾次毀損。元代末年，世道不寧，民不聊生，鐵女寺坍塌。

■鐵女寺內一角

現存建築是明朝修建的，包括山門、大雄寶殿、觀音殿、彌勒殿、韋馱殿和藏經樓。寺內供奉兩尊鐵像，傳說就是兩位鐵女原身所熔，甚是生動。寺內供有舍利，一部血書《妙法蓮華經》。

開元觀建於唐代開元年間，後代屢有修葺。現在所存的建築多是明、清兩代所建，中軸線建築山門、雷神殿、三清殿、天門和祖師殿等都保存很好。

　　山門是木構門樓式建築，廡殿頂，上簷施一斗二升交麻葉出四翹斗栱，下簷施六棱出三翹斗栱，三門道造型莊重秀麗。山門外東西兩側有大石獅各一座，顯得十分威嚴。

　　玄妙觀與開元觀建於同一時期。玄妙觀名稱曾多次變更。公元一〇〇九年，宋真宗下詔更名為天慶觀。公元一二九七年，元成宗復改為玄妙觀。公元一三三九年，元順帝賜題「九老仙都宮」。清代為了避清聖祖康熙皇帝玄燁之諱，改名為元妙觀。

　　康熙是清聖祖仁皇帝愛新覺羅·玄燁的年號，玄燁是清朝第四位皇帝、清定都北京後第二位皇帝，在位六十一年，是中國歷史上在位時間最長的皇帝。他奠下了清朝興盛的根基，開創出康乾盛世的大局面。

■宋真宗（公元九六八年至一〇二二年），趙恆，宋朝的第三位皇帝，名趙恆，宋太宗第三子，公元九九七年繼位，公元一〇二二年崩，在位二十五年。澶淵之盟後，北宋進入經濟繁榮期。

　　古觀原由山門和六座殿閣組成。六殿閣分別名為四聖殿、三清殿、玉皇閣、玄武閣、聖母殿和梓潼殿。前四殿依次成直線排列。

　　四殿中最後一殿玄武閣置於高台，台東為聖母殿，台西為梓潼殿。後來剩下三重建築，前為玉皇閣，中為三天門，後為置於崇台之上的玄武閣，均為公元一五八四年重建。

■荊州寺院高大的佛殿

　　荊州古城有著眾多的古蹟名勝，但荊州古城牆卻是其中最具代表、最有分量的古蹟之一。

　　荊州古城牆是中國延續時代最長、跨越朝代最多、由土城發展演變而來的唯一古城垣。

　　古城垣包括兩晉、三國時期的土城和宋朝、五代時期的磚城。五代磚城疊壓城牆。由此可見，從三國時代起，荊州古城牆沒有發生過大的變遷，土城牆遠遠早於磚城牆。

到了元代，荊州被作為荊湖行省的省會。此後，歷代皆有發展。

【閱讀連結】

據江陵縣志中記載，當時江陵府有位叫孫坤的冶鐵監官，蒙冤入獄以後。孫氏的兩個女兒痛父蒙冤，投告無門，兩人便一起投入冶鐵爐中，化為兩尊鐵女。皇上聞聽此事後，被鐵女的孝心打動，釋放了她們的父親，並賜立祠祭祀，取名「鐵女祠」。

最初，鐵女祠是供奉符合儒家標準的女性人物的祠殿。後來，祠中請進了佛菩薩，就改稱為「寺」。成了既供鐵女又禮佛，融儒、佛兩教於一爐，獨具特色的道場。此事在明代朱植所撰的《鐵女寺碑記》中有詳細記述。

■荊州古城牆上的三國人物雕塑

▌元明清時期古城再度繁榮

　　荊州古城積澱了豐厚的歷史文化。到了明代洪武年間，這裡成為湖廣分省的省會。明代以後，這裡一直是州、縣的治所。

　　提到荊州古城，人們就會想到城上三山。其實，城上三山是人們對荊州古城內城垣上三個帶「山」的地名的習慣統稱，三山是指鬆甲山、卸甲山和擲甲山。

■關公（約公元一六〇年至二一九年），本字長生，後改字雲長，名關羽。東漢末年著名將領，是劉備最為信任的將領之一。關羽去世後，他的形象逐漸被後人神化，一直是歷來民間祭祀的對象，被尊稱為關公。

城上三山實際上就是三個土台，只是與關公鎮守荊州密切相關，故而得名。後人在三山上建祠以祭祀關公，祠堂後來均已毀圮。

■關帝廟內的大殿

據清代乾隆時期的《江陵縣志》記載，鬆甲山位於東北城垣上，傳說關公曾經在此地鬆甲小憩。又傳公元一三九五年，楚王朱楨、湘王朱柏在虎渡口一仗大勝凱旋時，荊州知府應伯和在雄楚樓設宴犒勞。

卸甲山在西南城垣上。傳說關公凱旋曾在此地卸甲而得名。清代康熙年間，卸甲山改稱餘烈山，並修建關廟，嘉慶皇帝曾親書匾額「威震華夏」四字懸於其上。

三山冠「鬆甲、卸甲、擲甲」之名，皆取「釋甲偃武，不事兵甲」之意，表達了自古至今荊州人民渴望和平安寧，共創幸福生活的美好願望。

到了明朝及以後，荊州越發得到朝廷的重視。在這一時期修建了眾多的古蹟。如關公館、萬壽寶塔、荊州城牆、古墓群、張居正故居等。

　　張居正（公元一五二五年至一五八二年）是明代的政治家，改革家。字叔大，少名張白圭，又稱張江陵，號太岳，謚號「文忠」，祖籍安徽鳳陽，湖北江陵人。他是中國歷史上優秀的內閣首輔之一，明代最偉大的政治家。

■關帝廟內景

　　公元一三九六年，明代政府出資修建了關公館。關公館也稱關帝廟，位於荊州古城南門關廟舊址。關廟舊址既是關羽鎮守荊州十多年的府邸故基，關羽曾在這裡總督荊襄九郡諸事十多年。這裡也是關羽後代世襲江陵的地方所在。

　　整個館宇仿照原關廟風格，殿宇分為儀門、正殿、三義樓和陳列樓。正殿和三義樓分別供奉著關羽和桃園結義劉、關、張三人的巨型塑像。

　　廟內現存明代萬曆年間栽植的兩株雌雄銀杏樹，關羽青龍偃月刀和赤兔馬槽等珍稀文物。關公館於明代萬曆年間重建，清代又有兩次重修並擴建。

荊州關帝廟自建成以後，規模不斷擴大。到了公元一七三五年，廟內除了奉祀關羽外，他的曾輩也都受祭祀，他的兒子關平、部將周倉及楊儀、馬良都一起受祭祀。一時間，荊州關帝廟廟宇森嚴、規模宏偉。

明代所建的另一處景觀是萬壽寶塔，也稱「接引塔」。該塔位於素有萬里「長江第一磯」之稱的觀音磯頭上。是明藩遼王朱憲㸂，遵太妃毛氏命為嘉靖帝祈壽而修建的。

嘉靖是明世宗朱厚熜的年號，明朝使用嘉靖年號共四十五年。嘉靖尊道教、敬鬼神，當上皇帝以後，還要全體臣僚都要尊道，尊道者升官發財。嘉靖迷信丹藥方術，經常吞服假方士們煉製的丹藥。終於在公元一五四二年釀成了歷史上罕見的宮女弒君的「壬寅宮變」。

萬壽寶塔於公元一五四八年動工，公元一五五二年建成。清代康熙、乾隆和道光年間都曾有過修繕。

該塔向南，塔身以磚、石砌築，八角七級。塔基須彌座，塔身中空，每層都有塔門。底層塔門上置一石匾，楷書「萬壽寶塔」四字。第四層塔室內有一塊「遼王憲鼎建萬壽寶塔記」碑，字跡斑駁。塔內設螺旋式石梯。

萬壽寶塔塔額、枋、斗栱皆仿木構建築形式，塔一層正中供一尊接引佛，莊嚴肅穆。塔身各層共飾有漢白玉雕刻佛像，塔身內外壁還共嵌有浮雕佛像磚、花紋磚和文字磚。

雕佛像或端坐、或肅立，各具風姿，據傳這些佛像都是嘉靖皇帝下詔各地敬獻，因而極具地方特色。字磚中所刻的漢、藏、滿文仍然清晰。塔頂置有銅鑄鎏金塔剎，上刻《金剛經》全文。

荊州城牆自公元一七八九年至一七九二年兩次大修後，保存有六座城門。城門的建造巧妙地形成了雙重城門，四重門防。雙重城門之間稱甕城。

甕城的巧妙設計體現了中國古代積極防禦的傑出軍事思想。甕城最奧妙之處是可以實施積極防禦，敞開甕城，誘敵深入，四面圍攻，一舉殲之。

荊州城牆除上述六門外，公元一七八八年萬城堤決潰之前，在城西南隅還有一門，名為水津門。萬城堤決之時，大水正是從水津門和西門湧入，導致城崩。後來乾隆命欽差大學士阿桂等再造荊州城時，未再建水津門，僅恢復了西門。

■荊州城內的古牌坊

荊州古城牆作為古時的一項大型軍事防禦工事，除了高大堅固的牆體和甕城等建築外，城牆之上還有眾多配套的軍事設施，如今尚存且最具作戰防禦功能、最有特色的就是暗設的四座藏兵洞。

■荊州城防遺址

藏兵洞所在的牆體向外呈長方形突出，對攻城的敵人，可以從三面射孔暗箭齊發，使敵人猝不及防。

公元一三九三年，朱元璋的第十二子，受封於江陵的湘王朱柏，由於篤信神仙，在這裡量地造林，營建新殿。第二年新殿落成，經過占卜，命名為太暉觀。其實，早在宋元時期這裡就建有草殿。

朱柏是明太祖朱元璋的第十二子。濠州鐘離，今安徽鳳陽人。公元一三七八年受封為湘王，公元一三八五就藩於荊州。天性好學，招納俊義，志在經國。公元一三九九年，有人告發朱柏謀反，皇上下詔命其赴京師詢問，朱柏恐懼，自焚而死，時年二十九歲，謚曰戾。

湘王畏罪自焚不久就被平反了，其衣冠塚就位於太暉觀西側。後經搶救性發掘，出土文物六百多件。

　　衣冠塚是葬有死者的衣冠等物品，但並無死者遺體的墓葬。這是因為死者的遺體無法找到，或已經葬在另一處，再於某地設衣冠塚以示紀念。衣冠塚其中一類墓是墓中有主人遺物的象徵性墓葬。還有一些墓中則連衣冠也沒有，純屬象徵性的墓葬。

　　該墓為磚石結構，由前、中、後三室外加耳室組成，墓室前室外頂仿硬山式殿堂建築，墓室結構奇特別緻，建築工藝精湛，與太暉觀交相映襯，共同構成地上地下兩座王宮。

■張居正祠堂正殿

　　張居正故居位於古城東門內，是後人為了緬懷、紀念萬曆首輔張居正的場所，原名為「張大學士府」。由於歷史原因，其故居毀於戰亂。後人又重建張居正故居，並以其原有建築景觀布局。

在荊州古城西北的八嶺山上有一處規模龐大的古墓群。位於八嶺山墓群的「遼王墓室」至今保存極為完好，現有的墓院牆，是八嶺山古墓群按土築方式修築的。院牆上部用帶捲草的花紋圖案磚出簷，上蓋大型筒瓦。

墓室的前、中、正殿還裝有大型石門和兩道木門，石門上有九排九行石製門釘。墓道蓋面上刻有「故遼簡王之墓」六個大字，底面上刻有遼簡王的生平。整個墓誌銘全被城磚密封。該墓在歷史上雖多次被盜掘，仍出土了一百多件珍貴文物。

荊州城古老且歷經滄桑，如今古城得到了人民的厚愛。古老的荊州城正煥發出新的青春和更加迷人的異彩。

【閱讀連結】

卸甲山位於荊州古城西南城垣上。傳說關公凱旋曾在此地卸甲。而擲甲山位於城垣西北隅，與關公「大意失荊州」有關。相傳，關公鎮守荊州時，呂蒙白衣渡江偷襲江陵，即荊州城，荊州告急，關公聞訊，急率兵回救，趕至城下，方知守城將領糜芳等已獻出城池，投降東吳。關公痛心疾首，情急之下他脫下鎧甲，猛地拋擲到西北城垣上，然後率部西撤。於是，後人稱此處為「擲甲山」。

物華天寶　平遙古城

平遙古城位於中國山西省中部，是一座具有兩千八百多年歷史的文化名城，在中國境內保存最為完整的古代縣城，是中國漢民族城市在明清時期的傑出範例。

平遙舊稱「古陶」，始建於公元前八二七年至公元前七八二年間。明朝初年，為了防禦，始建城牆。公元一七〇三年，築四面城樓。

平遙是中國清朝晚期的金融中心，並有中國目前保存最完整的古代縣城格局，基本保存明清時期縣城原型，有「龜城」之稱。

▌西周為抵禦侵擾始建古城

在中國北部的山西省中部，有座保存完整的歷史名城，它是中國古代城市的原型，世界遺產委員會曾經這樣評價它：

它是中國境內保存最為完整的一座古代縣城，是中國漢民族城市在明清時期的傑出範例，在中國歷史的發展中，為人們展示了一幅非同尋常的文化、社會、經濟及宗教發展的完整畫卷。

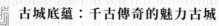

■秦始皇（公元前二五九年至前二一〇年），嬴政，嬴姓趙氏，故又稱趙政。中國歷史上著名的政治家、改革家、策略家，首位完成中國統一的秦朝開國皇帝，在位三十七年，被明代思想家李贄譽為「千古一帝」。

山西平遙古城牆

世界遺產委員會的評價一語道破了這座古城的一個特點，那就是一個「老」字。

那麼，這座古城到底叫什麼名字呢？它便是舊稱「古陶」的平遙古城。據說，平遙古城始建於西周宣王時期，在公元前八二七年至公元前七八二年時期。

當時，周宣王為抵禦北方遊牧民族的侵擾，曾派兵北伐薩猶，並修建了京陵城。京陵城就建在後來平遠縣城東北的京陵村，「京陵」二字作為地名一直沿用至今。這可以說是平遙建城的開端，也是現存平遙古城的前身。如果從那時算起，至今已有兩千八百年左右歷史了。

春秋時期，平遙隸屬晉國，戰國時又歸屬趙國。秦始皇統一中國後，廢封國，實行郡縣制，置平陶縣，屬太原郡。漢代時期，平遙屬於京陵、中都兩縣及鄔縣地區。

到了北魏太武帝時期，為避太武帝拓跋燾的名諱，武帝把將原來的平陶縣改為平遙縣，並把縣治從別處遷到這裡。此次遷動後的新址就是後來平遙古城的地址，以後，平遙歷經多個朝代變遷，但名稱都沒有發生變化。

■平遙城樓

　　隋唐時期，為防禦北方突厥族的侵入，作為「表裡山河」的軍事重鎮山西，在策略上具有特殊的重要地位。當時，平遙以一座土夯的城垣，經歷過冷兵器時代一場場自衛戰爭的嚴酷考驗。

　　到了北宋初年，趙匡胤在戰鬥中派兵焚燒平遙城。然而，雖經歷了一場火災，平遙城池還是保存下了不少，並在以後得到了不斷的發展。

　　趙匡胤（公元九二七年三月二十一日至九七六年十一月十四日）是大宋王朝的建立者，漢族。公元九六○年，建立宋朝，定都開封。在位十六年。他在位期間，加強中央集權，提倡文人政治，開創了中國的文治盛世，是一位英明仁慈的皇帝，是推動歷史發展的傑出人物。

　　公元一三六七年，平遙城牆在舊城基礎上開始了擴建。重建後的古城有門六座，東西各兩座，南北各一座，全部用磚石包牆。

　　明朝中葉，平遙城市經濟的繁榮和人口的增長，促使城市建築向外擴展。以後，明景德、正德、嘉靖、隆慶和萬曆年間均進行過十多次補修和修葺，

更新城樓，增設敵台。為此，現存平遙古城的城牆一直保持著明清時期的城牆風貌。

據記載，平遙古城最初的城牆是特別低矮的夯土築就，為了軍事防禦的需要，經過明清兩代五百餘年間，先後有二十餘次的包砌整修，便形成現在見到的磚石城牆。

平遙古城有「龜城」之稱，意喻長生不老，青春永駐，堅若磐石，金湯永固。氣勢宏偉的古城牆，全長六千公尺，城牆素土夯實，外包磚石，牆頂鋪磚以排水。牆外築有又深又寬的護城壕，足以抗拒來犯之敵於牆外。

城牆的城樓修築於城池的城門頂，古代有時稱「譙樓」。譙樓是古代城門上建造的用以高望的樓；安慶譙樓是譙樓初建於公元一三六八年，是現存的明代建築，乾隆年間曾進行擴充，咸豐年間遭焚，但是譙樓獨存，存留至今；代縣譙樓亦名邊靖樓、鼓樓。

平遙城牆的城樓共有六座，造型古樸、典雅，結構端莊穩健。城樓是城牆頂精緻美觀的高層建築，平常登高瞭望，戰時主將坐鎮指揮，是一座城池重要的高空防禦設施。

■平遙古城城樓及大砲

　　城牆上還建有角樓、城樓、魁星樓、文昌閣和點將台等建築。城牆的各個城門都建有重門甕城，均為方形，與城牆同高。

　　甕城上築重簷歇山頂城樓，歇山頂也叫九脊殿，除正脊、垂脊外，還有四條戧脊，正脊的前後兩坡是整坡，左右兩坡是半坡。重簷歇山頂的第二簷與廡殿頂的第二簷基本相同。整座建築物造型富麗堂皇，在等級上僅次於重簷廡殿頂。宮殿建築中重要大殿多採用重簷歇山頂。

　　甕城城門開在側面，以便在大城、甕城上從兩個方向抵禦來攻的敵人，甕城設內、外門，平時檢查來往的過客，需要時即可關上兩座門，形成「甕中之鱉」之勢。城外有護城河環城一周，河上有一座大吊橋。

　　城牆的角樓建於城牆四角上的樓櫓，主要用以彌補守城死角即城牆拐角處的防禦薄弱環節，從而增強整座城牆的防禦能力。樓櫓守城或攻城用的高台戰具。在晉代陸機所著的《洛陽記》中記載，城上每隔一百步有一處樓櫓，

外有溝渠。清代邵長蘅的《青門剩稿》中也有關於樓櫓的記載。建安九月，袁紹構築樓櫓，堆土如山，用箭俯射曹營。

角樓分別指西北角霞疊樓，東北角的棲月樓，西南角的瑞靄樓和東南角的凝秀樓。

■山西平遙古城牆

點將台位於上東門和下東門之間城牆頂上，現為磚砌高台。相傳，公元前八二七年周宣王即位後，派大將尹吉甫率兵北伐玁狁，連戰連捷，後奉命屯兵今之平遙，增築城牆，並在此訓練士卒，點將練武。

明代中葉，人們為紀念尹吉甫功績，在尹吉甫曾點將閱兵的地方修築了高真廟。明清維修城牆時一併將高真廟連成一體，登高遠眺，心曠神怡。

■平遙古城牌坊

　　城牆有六道城門，南北各一道，東西各兩道。這些門還分別有各自的寓意，南門叫迎薰門，是龜首，面向中都河，城外原有兩眼水井，喻為龜之雙眼，可謂「龜前戲水」。北門叫拱極門，為龜尾，是全城的最低處，城內所有積水均經此流出。

　　上西門叫永定門，下西門叫鳳儀門，上東門叫太和門，此三門形似龜的三腿向前伸，唯有下東門、親翰門的外城門徑直向東而開，傳說是古人怕龜爬走，將其後腿向東門拉直並用繩子綁好拴在麓台塔上。

　　環城而行，每隔一段距離，就築有一個凸出的敵台，用於瞭望和側射火力，是保衛城牆的。城牆腳下是防禦的死角。有了敵台，就可以彌補這個不足，從三面組成一個立體射擊網，城防力量大大加強。

　　敵台又稱馬面、墩台和牆台，在中國冷兵器時代，為了加強城門的防禦能力，許多城市設有兩道以上的城門，形成「甕城」，城牆每隔一定距離就突出矩形墩台，以利防守者從側面攻擊來襲敵人，這種墩台俗稱為「敵台」。

敵台上的兩層小樓，也稱敵樓。據舊志稱，明代初年重修平遙城牆時，僅建敵台窩鋪四十座，隆慶三年增至九十四座，萬曆三年，在全城以磚石包城的同時，重修成磚木結構的敵樓七十二座，後經歷代修葺，遺存至今。敵樓平面呈方形，四壁磚砌，硬山頂，筒板瓦覆蓋，底層面向城內的一面闢拱券門，樓內設木樓梯，上層置樓板，樓上四面各開拱券窗兩孔。

平遙古城城牆上的現存敵樓，是供士兵休息、存放糧食和彈藥的場所，同時也增加了古城的美觀。

城牆頂面用磚墁鋪滿，內築為保護守城士兵而修建的護牆，名為女兒牆，外築供士兵打擊敵人和眺望敵情所用的堆口。

據說，這象徵了同孔子周遊列國的三千門徒和七十二賢人。敵樓上還有孫子兵法石刻，使得一座壁壘森嚴的城池顯得文雅親和、先禮後兵，透露出一種濃郁的文化氣息。

■ 平遙古城敵樓

除了這古老的城牆，在平遙古城內，還有許多從明代以及明代前流傳下來的遺址和遺跡，它們與古城牆共同組成完整的平遙古城，為平遙古城增添了無窮魅力。

■平遙古城內古縣衙遺跡

　　其中，位於古城內的政府街，坐北朝南，平遙縣，是中國保存下來最為完整的古縣衙之一。

　　據說，這座古縣衙始建於明代。緊接縣衙大門的是儀門，也稱禮儀之門，是象徵封建禮教的建築物。

　　縣衙內的建築沿中軸一字排開，依次為衙門、儀門、牌坊、大堂、宅門、二堂、內宅、大仙樓。

　　東西廂設六房，即吏、戶、禮、兵、刑、工房。院東自南向北有鐘樓、土地祠、贊侯廟、糧廳、花廳。院西有申明亭、重獄、女獄、輕獄和公廨房、督捕廳、洪善驛站和閻王殿等建築群。

衙署大門西側是申明亭，是有關吏員對民間糾紛進行瞭解和調解的地方。衙門兩邊是賦役房，為窯洞廂房，是收取賦役、錢糧的地方。

平遙古城內的另一處著名景觀是位於古城東側的城隍廟。此廟初建於明代初年，公元一五四四年重修。到了清代康熙、乾隆年間，城隍廟又曾多次修葺補築。

公元一八五九年，城隍廟在廟會期間毀於火災，公元一八六四年才得以續修。

後世保存的城隍廟重要建築，屬清代規制，廟院宏大，布局完整，總占地面積為七千三百零二平方公尺。平遙城隍廟與眾不同之處在於，城隍廟、財神廟、灶君廟三廟合一。

城隍廟位於整個建築群中軸線，坐北朝南，前後四進院落，殿宇高大挺拔，臨街山門，殿前戲樓，殿後寢宮，是中國道教廟宇殿堂的典型建築形式。

城隍廟的牌樓、山門、戲樓、獻殿、城隍殿、寢宮層層疊進，遊廊、官廳、東西廂房、配殿縱深相連，貫穿為一體，既有寺廟殿堂配置特色，又具有官署建築的風格，其神學意趣和「前朝後寢」的功能十分明顯。

平遙城隍廟是中國國內保存最完整的城隍廟之一，尤其以規模之大，內涵之豐，建築之精而著稱。平遙城隍廟無論從建築結構，還是局部的藝術處理，均體現了中國古代儒道兩教為主的文化內涵。

【閱讀連結】

在城牆上兩邊各有一道矮牆，叫女兒牆，這來源一個古老的傳說。據說，最早的城牆上是沒有女兒牆的。

有一次，一個老人被拉來做工，和他相依為命的小孫女也天天隨他來到城上，坐在旁邊觀看。一天，一位累極了的民工昏昏沉沉中竟然走到城牆邊上，小女孩怕他掉下城去，就用力向裡推他，不料用力過大，民工雖得救了，小女孩卻摔死了。

後來，人們為了紀念小女孩，工匠們就在城上修起了矮牆，並把它叫做女兒牆。

從清代起曾為金融業中心

公元一六一六年，清太祖努爾哈赤建國稱汗，國號大金，史稱「後金」。公元一六三六年，清太宗皇太極稱帝，改國號為「大清」。

公元一六四四年，李自成的大順軍攻占北京，明朝滅亡；駐守山海關的明將吳三桂降清，清攝政王多爾袞指揮清軍入關，打敗大順農民軍。同年，清順治帝遷都北京，從此，清朝取代明朝成為中國的統治者。

進入清代，平遙古城迎來了新一輪的發展高潮。據記載，清康熙帝西巡時，曾駕臨古城。到了清朝末年，慈禧太后和光緒帝在西逃途中，也曾路宿古城。

當然，平遙最輝煌的一頁，它曾是清代晚期中國的金融中心。公元一八二四年，中國第一家現代銀行的雛形「日昇昌」票號在平遙誕生。它也是中國銀行業的開山鼻祖。

票號又叫票莊或匯兌莊，是一種專門經營匯兌業務的金融機構。多指山西票號。早在乾隆時期，山西商人資本雄厚，多販運福建武夷茶，經水陸運銷至北京，路程數千里，資本用量大，為了適應營銷需要，山西商幫首先創辦了帳局，經營存放款業務，後來，在帳局的基礎上形成票號。

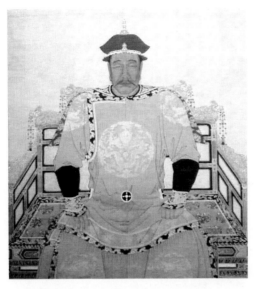

■努爾哈赤（公元一五五九年至一六二六年），愛新覺羅氏，後金政權的建立者，清朝的奠基人和主要締造者。他的兒子皇太極稱帝候，改國號為「大清」，追尊努爾哈赤為太祖。

■日昇昌票號

當時，在日昇昌票號的帶動下，平遙的票號業發展迅猛，鼎盛時期這裡的票號竟多達二十多家，一度成為中國金融業中心。

　　也正是因為如此，在現存的平遙古城內，還有眾多從明清時期遺留下來的街道商舖、居民建築等，這些遺址古蹟均體現了歷史原貌，被稱作研究中國古代城市的活樣本。

　　滄桑的平遙古城的交通脈絡由縱橫交錯的四大街、八小街、七十二條蚰蜒巷構成。

　　南大街為平遙古城的中軸線，北起東、西大街銜接處，南到大東門，以古市樓貫穿南北，街道兩旁，老字號與傳統名店鋪林立。

　　這南大街又稱明清街，自古以來就是平遙縣最繁華的商業中心，街道兩側的店鋪都是具有明清風格的建築。

　　明清街中央的是山西省省級重點文物保護單位，貫通南北的金井樓，清時被冠以平遙縣十二景之一。

　　金井樓的結構為三重簷歇山頂木構架樓閣，築磚石台基，四角立通天柱，外包磚牆，東西各有券門一道，四周圍廊，柱上施半拱。

　　金井樓的二層平座迴廊，前後隔扇門裝修，內施樓板，設神龕，南供關聖大帝，北祀觀音大士，另奉魁星，屋頂裝天花板，樓頂施彩色琉璃瓦，嵌鑲成南喜北壽的精美圖案。

　　魁星是中國古代星宿名稱，同時還是中國古代的神話人物，主宰文運，在儒士學子心目中，魁星具有至高無上的地位。中國很多地方都建有祭祀魁星的魁星樓，香火鼎盛。此外，魁星還是《聊齋志異》中的一篇小說，在古典名著《三俠五義》裡傳說包公是魁星下界。

　　金井樓既不是宗教性建築，也非防衛性建築，為城內獨一無二的樓閣式高層公共建築。

■平遙古城市樓

多少年來，在人們的心目中，金井樓與古城牆成為一個不可分割的整體，成為平遙古城的象徵。

在明清街，除了這金井樓，還有清代平遙「蔚」字五聯號之一的蔚盛長票號，舊址位於平遙縣城南大街十三號，是縣級文物保護單位。

蔚盛長票號成立於公元一八二六年，由原設於平遙城內的綢緞莊改組而成，總號設在平遙城內。財東是介休北賈村的侯蔭昌和平遙普洞村王培南及幾戶小股東，經理為汾陽人郭存祀。公元一九〇〇年，慈禧太后攜光緒皇帝西行路過平遙時，因提取醇親王匯來的銀兩下榻蔚盛長票號。公元一九一二年，經理雷士緯求到了書畫篆刻大師吳昌碩先生的墨寶「光緒行宮」四字，為此，此處又名「光緒皇帝下榻處」或「光緒客棧」。

在蔚盛長博物館的北廂房，牆上有一副由四小一幅畫為一組的畫，這便是明清著名書法家傅山的「梅蘭竹菊」四君子指頭畫。

指頭畫，又叫指畫、指墨，是以手代筆，蘸墨作畫。中國傳統繪畫中的一種特殊的畫法。即以畫家的手指代替傳統工具中的毛筆蘸墨作畫，別有一種特殊趣味和技巧。歷史上清代高其佩、近代潘天壽、洪世清所作指畫作畫作品其影響較大。

蔚盛長博物館的正廳，院子高低與台階一級比一級高，這代表著步步之高的意思，也就是說院子的高低與身分的高低是成正比的。

正廳便是當時掌櫃所住的地方，在廳中央，有一塊藍色的匾，上面寫著「乾健伸貞」四個大字。據說，這塊匾是當時票號掌櫃過六十大壽之時，他的好友贈予他的。

進入正廳之後，首先映入眼簾的是「百葫蘆寶床」。此床是此館珍品之一，採用浮雕和鏤空兩種工藝，上面雕有一百個葫蘆，象徵多子多福之意，可以看到床的兩邊還有兩個「壽」字，一多子多福多壽。下邊的床板上還雕有九頭獅子在嬉繡球。這幅雕刻畫代表著，獅子滾繡球，好日子在後頭。

在百福閣的二樓，還存放著一尊古老的佛像，這是佛祖釋迦牟尼。古代生意人信佛，像此票號的歷任掌櫃便都是信佛之人，放置佛祖塑像在此，是乞求財源滾滾之意。

位於古城明清街南口，坐西朝東，建築保護非常完好的一座三進院落，是清代主要票號之一的百川通票號舊址。

■平遙古城民宅內的古典實木家具

■平遙古城票號建築

　　此票號是明清街店鋪、民居建築中保存最完好、最高的店面，也是古城內最早開發的景點之一，票號財東的祁縣城內的渠源湞，經營期間在全中國各地設立近多處分號，其舊址已闢為「三晉大財東傢俬博物館」。

　　三晉古稱唐國，自古為晉南承東啟西之咽喉要地。西周周成王封叔虞於此，後曾改稱晉。三晉歷經兩千多年，其文化源遠流長，實現了北方文化與中原文化的融合，對繼承和發展中華民族文化做出巨大歷史貢獻。

　　博物館由外及裡，分三進院落，每個院落依次增高，隱示著「步步登高」的吉祥之意。

　　穿過門廳，院內南面耳房為住房用品陳列。對面是當時接待重要賓客的大煙房，在中院南廂的原帳房內，現設有百川通的全模型，北廂房是當時的銀窖。

　　中院正廳原為會客所在，仍以舊時模樣擺設。裡間是票號的客房，現設有清代紫檀三面浮雕羅漢床圖案，木雕工藝十分考究。

　　客廳和樓上的閣樓組成整座院落的主樓。樓簷椽頭用油漆彩繪畫成銅錢圖案，並依次寫有「一本萬利、二人同心、三元及第、四季平安、五穀豐登、六合約春、七子團圓、八仙上壽、九世同居、十全富貴」，可謂民俗意趣濃厚。

　　票號後院由佛堂、小姐閨房、家眷會客廳及正屋的家堂組成，陳列品主要有明代所塑的文殊菩薩，各種古舊坐椅，如禪椅、小姐椅、太師椅、文椅、圈椅、交椅、四出頭官帽椅等，這些陳列，體現了封建社會的等級差別和禮儀程式。

　　在古城的明清街內，除了幾個著名的票號之外，還有很多有名的鏢局。從狹義角度來講，鏢局就是為一些商家或個人提供安全保障的專門機構。

　　平遙古城內的鏢局興起於清代末年，當時，鏢局的主要業務就是為票號押送銀鏢，這就形成了鏢局走鏢的兩大鏢系，即銀鏢和票鏢。

　　銀鏢指押送黃金白銀等作為貨幣形式存在的物質的鏢。最初是商人委託鏢局捎回銀兩，後發展到商人之間的銀子由鏢局押送，最後官方餉銀也由鏢局押送，直到清末，大宗款項都委託給鏢局解運，後來有了票號之後，就由票號代為撥兌。

■平遙古城內的平遙鏢局

■平遙票號正堂

在清朝末期，隨著票號的逐漸衰敗，鏢局的主要業務對象，轉化為為一些有錢的客人押送一些衣物首飾和保障人身安全。這就形成了糧鏢、物鏢、人身鏢三大鏢系。

山西人在外經商的特別多，這就給山西人創辦鏢局提供了一定條件。中國第一家鏢局，是由山西人「神拳無敵」張黑五在北京順天府門外創辦的興隆鏢局，後來，平遙縣的王正清也創辦了同興公鏢局。

張黑五山西省人，鏢師鼻祖。此人面黑，兄弟排行第五，因武功蓋世，威名遠播，人稱「神拳無敵」張黑五。從乾隆年間，張黑五是乾隆皇帝的一位武術師傅，他在乾隆皇帝的說服下，成立了被朝廷肯定的第一個鏢局——興隆鏢局。這就是中國最早的鏢局。

平遙比較有名的鏢局當數同興公鏢局、中國鏢局和華北第一鏢局。

其中，同興公鏢局是由平遙南良莊人王正清，於公元一八五五年創辦。當時的王正清是一位名揚京城、威震全中國的武術大師，其子王樹茂盡得其真傳且有青出於藍之勢。所以，同興公鏢局創立之始，就在當時全中國著名鏢局中享有較大聲譽。

平遙古城內現存的同興公鏢局的展館為明代建築，全面系統地介紹了清代咸豐直至民國初年同興公鏢局創辦、發展，以及歇業的全過程，講述了武林鏢局方面的知識。

平遙的中國鏢局是明末清初鏢局的舊址。這個鏢局展出的古蹟文物，向人們提供了一些實物資料，主要介紹中國的鏢局發展史，以及在明清時期，中國有名的十大鏢局、十大鏢師和走鏢過程中的軼事趣聞，尤其是研究形意拳、長拳、套路等武術門派的發展。

平遙的華北第一鏢局，於公元一八四九年開局，歷經整整六十四年，從沒有失過一趟鏢。到了清代末年，華北第一鏢局與其他鏢局一樣，也面臨了衰敗的局面。公元一九一三年，創造過許多成功奇蹟，取得過無數輝煌的華北第一鏢局正式閉局。

　　平遙古城的明清街，街道並不寬，在每個體面門庭的花崗岩門檻上，都有兩道很深的車轍印痕，可以想見當年街道上車水馬龍的熱鬧情景。

■山西平遙古城

　　古城的「干」字街，是由東大街、西大街、南大街、城隍廟街、衙門街組成的。其中，西大街，西起下西門、東和南大街北端相交，與東大街呈一條筆直貫通的主街。中國古代各式銀行的「鄉下祖父」日昇昌票號就誕生在此街。

■平遙古城建築

日昇昌票號創建於公元一八二四年，遺址占地兩千多平方公尺。此建築群用地緊湊，功能分明。作為晉商文化的傑出代表，日昇昌票號的建築風格和規模都是典型，但又有其特殊性。它採用三進式穿堂樓院，既體現了晉中民居的傳統特色，又吸收了晉中商舖的風格，達到了建築藝術和使用功能的和諧統一。

日昇昌票號院落分為三進。前院為營業大廳，中院為內部的辦公機構，後院屬生活區。

這座院落是當年平遙控制全中國各家分號的中心樞紐，這裡作為總號要起發布指令的作用，而各分號在它的指揮下，把源源不斷的錢財賺取回來彙集於此。

在古城內西大街，除了日昇昌票號，還有寶豐隆票號、厚德恆錢莊，以及永泉當、永玉當等著名當鋪，這些店鋪經過一二百年的風風雨雨，處處已顯出蒼老，但蒼老而風骨猶在，竟然沒有太多的破舊感和潦倒感。

在古城內的八小街和七十二條蚰蜒巷，名稱各有由來，有的得名於附近的建築或醒目標誌，如衙門街、書院街、校場巷等；有的得名於祠廟，如文廟街、城隍廟街、羅漢廟街等；有的得名於當地的大戶，如趙舉人街、雷家院街、宋夢槐巷等。

古城東北角有一座相對封閉的城中之城，類似於古代城市中的坊，附近的四條街道也就被命名為東壁景堡、中壁景堡、西壁景堡和堡外街。還有一些街巷則已經無法探究名稱來歷了，例如仁義街、甜水巷、豆芽街、葫蘆肚巷等。

平遙古城內的民居建築，以磚牆瓦頂的木結構四合院為主，布局嚴謹，左右對稱，尊卑有序。大家族則修建二進、三進院落甚至更大的院群，院落之間多用裝飾華麗的垂花門分隔。民居院內大多裝飾精美，進門通常建有磚雕照壁，簷下梁枋有木雕雀替，柱礎、門柱、石鼓多用石雕裝飾。

照壁是中國傳統建築特有的部分。古人稱「蕭牆」。在舊時，人們認為宅中不斷有鬼來訪，修上一堵牆，以斷鬼的來路。因為小鬼只走直線，不會

轉彎。另一說法是中國受風水意識影響而產生的一種獨具特色的建築形式，稱「影壁」或「屏風牆」。

民間有句俗語：「平遙古城十大怪」，其中一條是「房子半邊蓋。」平遙民居之所以大多為單坡內落水，流傳最廣的說法稱之為「四水歸堂」或「肥水不流外人田」。

山西處乾旱，且風沙較大之地，將房屋建成單坡，能增加房屋臨街外牆的高度，而臨街又不開窗戶，則能夠有效地抵禦風沙和提高安全係數。而院內緊湊的布局則顯示對外排斥，對內凝聚的民族性格。

【閱讀連結】

關於票號「日昇昌」這三個字的來源，還有著一段美麗而神奇的傳說。

一天晚上，日昇昌票號的創始人雷履泰做了一個奇怪的夢。他夢見木器廠內著了大火，但當他趕到木器廠前，這裡竟是一座金碧輝煌的天堂大院。忽然，天上開了一座大門，天界眾仙飄飄然向西而去。到了頭頂，眾神仙都頻頻招手，約他同去。於是，雷履泰就覺得自己身如飄帶，冉冉登上仙界。

雷履泰醒來後，受到此夢的啟發，便將自己新成立的票號取名為「日昇昌」票號。

古城內外的其他古蹟名勝

平遙古城從始創至今，已有兩千八百多年的歷史。迄今為止，它仍較為完好地保留著明、清時期縣城的基本風貌，堪稱中國漢民族地區現存最為完整的古城。

平遙古城內的大院台階

　　悠久的歷史，積澱了古城厚重的文化底蘊，使這座千年古城成為豐富歷史文化的堅實載體，為後人留下了豐富的歷史文化遺產。

■平遙古城雙林寺內的千手觀音

平遙古城包括三個部分：一是以古城牆為界向外延伸保護範圍之內的整個老城區；二是縣城西南的雙林寺；三是縣城東北的鎮國寺。三個部分同為一體，統稱為平遙古城。

這裡提到的雙林寺位於山西省平遙縣西南的橋頭村。雙林寺原名「中都寺」，其地本為中都故城所在，因之得名。

中都寺創建年代很早，因古文獻記載失詳，難以確考。寺中現存最古之碑為公元一〇一一年「姑姑之碑」。年代久遠，字跡模糊，第二十行「重修寺於武平二年」尚可辨認。

「武平二年」是北齊年號。既是重修，其創建年代必早於此。這樣說來，即使從北齊算起，中都寺至今也已歷經一千四百多個春秋了。

北齊（公元五五〇年至五七七年）是中國南北朝時的北方王朝之一。公元五五〇年由文宣帝高洋取代東魏建立，國號齊，建元天保，建都鄴，史稱北齊。歷經文宣帝高洋、廢帝高殷、孝昭帝高演、武成帝高湛、後主高緯、幼主高恆，共六帝。公元五七七年被北周消滅。

堆口城牆上呈凹凸形的短牆。兩個堆子間的缺口。其構造是，從牆上地坪開始砌至人體胸部高度時，再開始砌築堆口。堆口上部砌有瞭望洞。瞭望洞下部砌有一個小方洞，是張弓發箭的射孔。射孔底面向下傾，便於向城下射擊敵人。

從碑文的描述中可以知道，當時的中都寺為一方勝境，廟貌雄偉，香火隆盛，遊人不絕，曾建有「七重樓閣，高可望省」，可惜毀於火災，原閣礎石至今猶存，直徑一米有餘，足證其規模之大。約至宋代，中都寺改名雙林寺。

宋代以後，寺中曾住有尼姑，故有「姑姑之碑」及「貞義祠」等遺跡，蓋與紀念尼姑有關。

雙林寺建築，歷遭一百多年的風雨兵災之患，廟貌漸傾圮，雖然歷代皆有修葺，但到元代末年，已到了「殿楹損壞，廳廊傾頹」的地步。

因此，明代景泰、天順、弘治、正德、隆慶年間以及清代道光、宣統年間都曾大規模地重建或重修，現存廟宇全是明代和清代建築。

■平遙古城內的龍門牌坊

平遙古城現存的雙林寺呈坐北朝南之勢，寺廟圍牆仿城牆之樣，上置堆口，內為夯土，外砌磚牆，為明代所建。

■平遙古城敬一亭

　　寺院東為禪院、經房。西為廟群，由風格迥異的十座殿堂組成，前後三進院落。唐槐、宋碑、明鐘、壁畫交相輝映，構成一方勝境。一千五百多尊作品全部由木胎泥塑而成，它們繼承了中國唐、宋、金、元彩塑的優良傳統，是中國明塑中的佼佼者，被專家譽為「東方彩塑藝術寶庫」。

　　彩塑是以黏土加上纖維物、河沙、水，揉合成的膠泥為材質，在木製的骨架上進行形體塑造，陰乾後填縫、打磨，再著色描繪的作品。由擺放位置與使用範圍可分四類，即：石窟彩塑、廟宇彩塑、陵墓彩塑、民俗彩塑。

　　雙林寺的寺院由十座殿堂組成，分前、中、後三進院落。前院為天王殿、釋迦殿、羅漢殿、武聖殿、土地殿、閻羅殿，中院為大雄寶殿、千佛殿、菩薩殿，後院為娘娘殿、貞義祠。

　　各殿內共保存了宋、元、明、清歷代的兩千多尊佛、菩薩、天王、金剛、羅漢、力士、供養人、珍禽異獸、山水花木等彩塑。色彩豔麗，造型生動。此外寺中的唐槐、宋碑、明鐘，以及古建、壁畫都十分珍貴。

　　平遙古城的鎮國寺創建於唐末五代的北漢時期，原名京城寺，自明嘉靖年間易名為鎮國寺。

　　鎮國寺整座寺院坐北朝南，兩進院落，中軸線上有天王殿、萬佛殿、三佛樓，天王殿兩側配有鐘樓和鼓樓。一進院東西廊有碑亭、三靈侯、二郎殿、財福神和土地各殿。二進院東西有觀音殿、地藏殿等。

　　北漢（公元九五一年至九七九年），是五代十國時期的十國之一。一稱東漢，劉崇所建。都晉陽，稱太原府。盛時疆域十二州，約為今山西省中部和北部。共歷經四主。

■平遙古城賢侯堂

處於寺廟最前端的天王殿是元代建築。進入殿內，可參謁佛國護法神將四大天王。四大天王很受民間「歡迎」，因為它們代表「風、調、雨、順」，象徵著「五穀豐登，天下太平」。

出了天王殿，鐘樓鼓樓相互對峙，鐘樓上有金代皇統五年鑄造的鐵鐘一口，形制古雅，工藝別緻，而且鐘聲洪亮。據說，在當年沒有汽車火車的遠古時代，鎮國寺的鐘聲能傳到平遙城內，因此，這口古鐘算得上是一件珍稀之物了。

四大天王原本是佛教中四位護法天神的合稱，俗稱「四大金剛」，亦稱「護世四天王」，他們分別是東方持國天王、南方增長天王、西方廣目天王和北方多聞天王。

萬佛殿位於天王殿之後，它是中國現存最古老的木結構建築之一，堪稱「千年瑰寶」。

這座殿宇造型獨特，平面近似正方形，屋頂龐大，出據深遠，但由於屋角反翹，使沉重龐大的屋頂呈現出輕巧活潑的建築藝術形象，整個外觀給人一種雄偉壯觀、氣勢非凡的感覺，充分顯示了中國古代建築家在建築科學方面的非凡技能。

在萬佛殿內，共有彩塑十一尊。中央是佛壇，主供形體高大的釋迦牟尼佛像，此像坐在須彌座上，表現出安逸慈祥、和顏悅目的神態。旁邊站立的是迦葉和阿南尊者。大殿左右兩邊分別供奉的是兩尊菩薩和供養菩薩。

供養菩薩實際上是指為佛陀和宣揚佛法服務的菩薩。常畫在佛座下面或脅侍菩薩、佛弟子的兩邊。姿勢有站，有坐，有蹲、有跪，形象眾多。如奏樂菩薩、跪拜菩薩、持經菩薩、赴會菩薩、思維菩薩，禪定菩薩等都可以說是供養菩薩。

在菩薩的前面是兩天王和兩供養童子。這幾尊塑像雖是宗教神化的偶像，但卻是按照當時社會的等級制度，加以形象塑造的。這些塑像是中國寺廟中現存的五代時期的唯一作品，堪稱「稀世珍品」，在中國雕塑史上占有重要一頁。

鎮國寺內的第三大殿是三佛樓，此樓創建於明代，殿內主像有三尊，分別是「法自佛、報自佛、應自佛」。這些佛像自然大方、造型優美。

■平遙古城內的文物馬車

■平遙古城的寺院佛像

在大殿的左右牆壁上，有一組精美的壁畫，畫的是釋迦牟尼的生平八相圖，集山水花鳥、人物於一體，描繪了釋迦牟尼的一生。

位於後院西側的地藏殿，俗稱閻王殿，建於明代，主像為地藏王菩薩，四周為十殿閻王，六位判官、牛頭、敵台立於地上，這些塑像有的怒不可遏，有的文質彬彬，有的慈祥和藹。

閻王全稱閻羅王，又叫「閻摩羅王」、「閻魔王」等，漢譯為「縛」、捆綁、捉拿有罪過之人。閻王的職責是統領陰間的諸神，審判人生前的行為並給與相應的懲罰。在佛教中，閻王信仰有各自不同但互相聯繫的說法，如「平等王」、「雙王」等等。

在地藏殿的四壁，有壁畫，這些壁畫集繪畫、書法於一體，描述了不善之徒被制裁受刑的場面，其慘狀目不忍睹。這些情節表現的是懲惡揚善的哲理，但在封建社會裡，勞動人民處在社會的最下層，有冤無處申，有苦無處訴，只有把希望寄託在來世，正如這壁畫旁的一副對聯所寫：

陽世奸雄欺天害理由直汝；陰司報應古往今來放過誰。

這副對聯強烈地表現著懲惡揚善的願望和人生的哲理。

除了這些殿堂之外，在鎮國寺內，還保存著歷代石碑二十餘面，其中最值得一提的是「半截碑」。由於該碑上下左右都有殘缺，所以名為半截碑，以殘碑的寬厚度估量，原碑非常高大。

此碑內容與鎮國寺無關，原來在鎮國寺竣工時，在寺的附近撿回這塊碑，人們本想將它做碑座，結果發現碑上的書法甚佳，秀潤蒼勁，當時沒捨得毀掉，才得以倖存下來。經考證，這塊碑是北漢主劉崇之孫劉繼欽的墓誌銘碑，文物價值相當高。

劉崇（公元八九五年至九五四年）是五代時期北漢建立者，沙陀人，原名劉崇，後名劉旻，為後漢高祖劉知遠之弟。年輕時喜歡飲酒賭博，曾經在臉上刺青從軍。劉知遠任河東節度使時，他擔任都指揮使。劉知遠建後漢以後，他任太原尹。

　　另外，在鎮國寺內還有一棵名為龍槐的古老槐樹，據清代嘉慶的《龍槐記》碑中記載，這棵古樹從有此廟時便栽在這裡，距今已有一千多年的歷史了。

　　此樹長得高不盈丈，樹身已滿是裂縫，彎彎曲曲，枝幹錯綜盤結，無頭無尾，看上去張牙舞爪，騰雲駕霧，也是寺內的一大奇觀。

■ 平遙古城內的鏢局武器

漫步寺內，除了深厚的文化氣息和濃厚的古香氣息外，還可領略到淡淡的月季香味。園中各色花卉品種齊全，爭奇鬥豔，給整座千年古寺增添了一片溫馨。

鎮國寺、雙林寺和平遙古城的古城牆合稱平遙古城的「三寶」，後來，這三寶被列為《世界文化遺產名錄》。

【閱讀連結】

在雙林寺東北隅有一座小祠堂，名曰貞義祠。祠中有兩尊塑像，一尊是躺在床上雙目緊閉的少女，人稱睡姑姑。一尊是旁邊坐著骨瘦如柴的老婦，人稱藥婆婆。關於她們的來歷，還有一個古老的傳說。

很久以前，平遙橋頭村有一戶有錢人，家有一女。女孩十六歲時，父母先後去世。女孩因太想念父母，便天天到父母生前常去的雙林寺燒香，又把家中所有的錢都捐給寺院。

幾年以後，女孩也得了重病，但有一位不曾相識的老婦不辭勞苦地侍奉她，直到女孩去世。女孩去世以後，這位老婦也陪她坐化。

後來，人們為了紀念二人，便在雙林寺的東北隅修了一座單間小祠堂，裡面塑了她們的塑像。

高原姑蘇　麗江古城

　　麗江古城又名大研古城，位於雲南麗江，這裡景色秀美，建築古樸，歷來就有「東方威尼斯」「高原姑蘇」等美譽。作為一座著名的古城，麗江古城的一個突出特點就是歷史悠久。古城的存在已經有八百多年，這漫長的歷史給古城帶來了濃厚的歷史感。

　　麗江古城是一座具有較高綜合價值和整體價值的歷史文化名城，公元一九九七年，世界遺產委員會把麗江古城列入《世界遺產名錄》，從此古城更加享譽世界。

▌木氏先祖始建大葉場新城

　　坐落在中國西南部雲南省的麗江市玉龍雪山下麗江壩中部，北依象山，金虹山，西枕獅子山，東南面臨數十里的良田沃野之處，有一座完全由手工建造的木土結構房屋組成的古老城市。

■雲南麗江古城遠景

和中國的其他古城相比，這座古城的最大特點是，它是一座沒有城牆的古城。

■麗江古城木府的忠義牌坊

據說，在很久以前的戰國時期，這座古城隸屬於秦國的蜀郡，這裡當時是一片沼澤地。到了南北朝時期，中國五十六個民族之一的納西族先民遷徙至此，古城一帶開始興盛起來。

不過，這座古城真正始建時間是在宋末元初。當時，納西族的一位姓木的土司，將其統治中心從古城北的白沙鎮，移到獅子山麓，開始營造房屋城邑。

土司指元、明、清各代在少數民族地區授予少數民族地區首領世襲官職，以統治該族人民的制度。有廣義與狹義之分。廣義的土司既指少數民族地區土人在其勢力範圍內獨立建造的且被國家法律允許的治所，又指世代享有特權的土官。狹義的土司專指土官。

由於這位古城的始創者姓木，如果在這座古城外再修建城牆的話，「木」字加框便成「困」，這是很不吉利的事，於是，在修建這座古城時，木氏土司便故意不築城牆。

又因為這木氏土司的先祖屬於古代納西族束、葉、梅、禾四大支系中的「葉」一支，所以，此座古城修建好後，木氏土司為新城取名為「大葉場」，這便是後來的雲南麗江古城。

這座古城修成後，很快成為中國南絲綢之路及茶馬古道上的重要集市。茶馬古道指存在於中國西南地區，以馬幫為主要交通工具的民間國際商貿通道，是中國西南民族經濟文化交流的走廊。茶馬古道是一個非常特殊的地域稱謂，源於古代西南邊疆和西北邊疆的茶馬互市，興於唐宋，盛於明清。

隨著來這裡做生意的人越來越多，這裡逐漸成為了歷代滇西北的政治、軍事重鎮和納西、漢、藏等各民族經濟文化交往樞紐城市。

公元一二五三年，元世祖忽必烈南征大理，用革囊渡金沙江來到大葉場，一部分兵營就駐於古城的大石橋一帶，後來，大葉場的納西族人就把這一帶稱之為「阿營暢」，意思也就是「元軍駐紮的村落」。

■麗江古城內的木質建築

後來，蒙古軍在大葉場設三賧管民官。到公元一二七一年，古城地名改稱麗江宣慰司，從此，「麗江」兩字作為「大葉場」的地名歷史由此開始，後人們也因此稱此古城為麗江古城。

麗江古城又名大研古城，納西語稱為「依古芝」，意思是金沙江江灣中的集鎮，又叫「鞏本芝」，意思是倉庫集鎮，由這些字面意思可知，這座古城是以經濟交往為主而發展起來的。

在中國古代，城建的方法是先行開河，然後依河水的來龍去脈進行城建規劃，布街辟路。這座麗江古城的城建方法也是依承傳統的古城建規劃法的經驗而修建的，所以它也是中國古代城建方法的活化石。

　　據說，現存麗江古城的建築格局完全是保留初建時的樣子，整座古城依山勢而建，選址獨具特點，布局上充分利用了自然環境優勢。西靠獅子山，北依象山、金虹山，南向開闊平壩，形成了坐靠西北面向東南的整體格局，既避西北寒風，又向東南光源。這樣，使得古城冬暖夏涼，氣候宜人。

　　麗江古城在街道布局上也獨具特點。它無森嚴的城牆，無十字相交的道路，街道順水流而設，以紅色角礫岩鋪就，雨季不泥濘，旱季不飛灰，石上花紋圖案自然雅緻，質感細膩，與整個城市環境相得益彰。

　　其中，四方街是麗江古街的代表，位於古城的核心位置，被稱為是古城的中心廣場。這裡不僅是古城的中心，也是滇西北地區的集貿和商業中心。

　　四方街的形狀很像方形的知府大印，一些人說是當年的木氏土司是按其印璽形狀而建的，當時的土司取名四方街，取「權鎮四方」之意。印璽即是印章。古代多作封發物件，把印蓋於封泥之上，作為信驗。秦漢以後多稱帝王之印為璽。古代的印璽是中國文物寶庫中的重要內容之一，其收藏、鑑別、研究對中國文字的產生、發展有著重要作用。古代印璽包括了鳥篆、大篆、小篆等各種字體。

　　也有人說是因為這裡的道路四通八達，是四面八方的人流、物流集散地，所以叫四方街。

■麗江古城小巷

設有活動閘門，可利用西河與中河的高差沖洗街面。

除了街道布局，麗江古城的民居建築群也非常有名，它們是納西族建築藝術和建築風格的集中體現。這些民間建築群體在納西族原始的井幹式木楞房形式基礎上吸收、融匯了漢、白、藏等民族建築的一些優點而形成，在布局形式、建築藝術等方面都有鮮明的地方特色與民族風格。

古城民居建築是兩層木結構樓房，也有少數三層樓房，為穿斗式構架、壘土坯牆、瓦屋頂，設有外廊。根據構架形式及外廊不同，可分為平房、明樓、兩步廈、騎度樓、蠻樓、悶樓、兩面廈等七大類。

穿斗式是用穿枋把柱子串聯起來，形成一個個房架。檁條直接擱置在柱頭上，在沿檁條方向，再

四方街是麗江古城的心臟。從四方街四角延伸出四大主街：光義街、七一街、五一街，新華街。又從四大主街岔出眾多街巷，如蛛網交錯，四通八達，從而形成以四方街為中心、沿街逐層外延的縝密而又開放的格局。

四方街西側的制高點是科貢坊，為風格獨特的三層門樓。西有西河，東為中河。西河上

用斗枋把柱子串聯起來。從而形成了一個整體框架。一般這種木構架的形式在中國南方的江西、湖南、四川等地區廣泛應用。

■麗江古城的小巷

古城民居建築的布局形式有三坊一照壁、四合五天井、四合頭、兩坊拐角、前後院、一進兩院、四合院、多進套院、多院組合等類型。

其中，三坊一照壁是麗江納西民居中最基本和最常見的民居形式。在結構上，一般正房一坊較高，方向朝南，面對照壁，這裡主要供老人居住。三坊一照壁的東西廂房略低，由晚輩居住。

四合五天井與三坊一照壁不同點在於去掉了正房面對的照壁而代之以三間下房的一坊，圍成一個封閉的四合院，同時在下房兩側又增加了兩個漏角小天井，故名為四合五天井。

古城民居中的四合頭與四合五天井一樣，由正房、左右廂房四坊房屋組成一個封閉的四合院。

■麗江古城大研鎮水車

古城民居中的兩拐房，一般是在經濟條件暫不許可時修建起來的，這類民居先蓋兩坊。此兩坊屋不能對面建蓋，必須成曲尺形布置，故形成二坊拐角的平面形式，其他兩面由照壁及圍牆合成庭院。

古城民居中的前後院是用花廳聯繫兩個院，前院作花園，後院為正院，兩個院的軸線均在房的軸線上。前院房屋一般是小巧玲瓏的廳閣等與宅園相協調的建築。民居中的兩進院不同於前後院的是，兩院不是在正房軸線上排列，而是左右並行，兩院由過廳相聯繫。一般兩院各有一軸線相互平行。前後院及兩進院一般皆屬中型民居。

民居中的多進多套院是基本平面形式的多院綜合，有縱向發展的，有橫向發展的，也有縱橫同時發展的，一進兩院式及多進多套院，一般屬於富家大戶住宅，皆屬大型民居。

■麗江古城內的猜字壁

　　另外，古城的納西民居中最顯著的一個特點是，不論城鄉，家家房前都有寬大的廈子，也即外廊。

　　廈子是麗江古城納西族民居最重要的組成之一，這與麗江的宜人氣候分不開。因為氣候宜人，所以這裡的納西族人就把一部分房間的功能如吃飯和會客等，搬到了廈子裡。這一功能也就造成了古城的民居，大都有寬闊的廈子。

　　除了布局形式，古城民居還非常注重房屋的裝飾，其重點是天井、門樓、照壁、外廊、門窗隔扇、梁枋等。

　　天井是宅院中房子和房子或房子和圍牆所圍成的露天空地。南方房屋結構組成部分，一般為單進或多進房屋中前後正間中，兩邊為廂房包圍，進深與廂房等長，地面用青磚嵌鋪的空地，因面積較小，光線為高屋圍堵顯得較暗，狀如深井，因此而得名。

　　門樓的形式有磚拱式、木過梁平拱式及木構架式三種，磚拱式門樓多為中間高、兩邊低的三滴水牌摟式樣。木過梁平拱式門樓則是以木過梁承托、外包薄磚的三滴水牌樓。木構架式門樓多為雙坡屋面，簷下用多層花板、花罩裝飾。

　　民居照壁一般有三滴水、一字平式兩種，內部的外廊小照壁多用大理石裝飾。房屋的門窗均飾以木雕圖案，如鳥禽、花卉、琴棋書畫、博石器皿等，是功能與藝術相結合的產物。

　　同時，古城民居的庭院主要採用鵝卵石、五花石等為原料鋪裝，圖案根據庭院大小或房主喜好而定，內容涉及花鳥魚蟲、八赴陰陽、民間傳說、神話故事等，手法古樸，布局嚴謹。占地大、院落多的宅院，普遍由兩坊一照壁、花台、水池等構成。

　　在現存的麗江古城中，主要有白沙民居建築群和束河民居建築群。其中，白沙民居建築群位於古城北，曾是宋元時期麗江政治經濟文化的中心，也是麗江古城的最早建築群。

■雲南麗江古城寧靜的街道

白沙民居建築群分布在一條南北走向的主軸上，中心有一個梯形廣場，四條巷道從廣場通向四方。民居鋪面沿街設立，一股清泉由北面引入廣場，然後融入民居群落，極具特色。

束河民居建築群在麗江古城西北，是麗江古城周邊的一個小集市。束河民居建築群依山傍水，房舍錯落有致。

街頭有一潭泉水，稱為「九鼎龍潭」，又稱「龍泉」。泉內水質清澈，游魚可數，從泉中溢出的流水蜿蜒於街衢旁。

另外，有一條名為青龍河的河流從束河村中央穿過，上面還架起一座石拱橋。據說，此橋名為青龍橋，是麗江境內最大的石拱橋。

除了這座四方街，在麗江古城區內的玉河水系上，飛架起的三百多座橋梁也是古城的一景。這些古橋形式多樣，主要形式有廊橋、石拱橋、石板橋、木板橋等。

在眾多的古城古橋中，最著名的數大石橋、萬子橋和南門橋。除此之外，還有鎖翠橋、萬千橋、馬鞍橋、仁壽橋等。古橋的存在既方便了居民的出行，也為古城增添了一道亮麗的風景。

【閱讀連結】

三眼井又稱三疊泉或三疊水，是中國麗江特有的一種水井。中國北方的三眼井多以品字形分布，井水深，井口小，共有三個井口供三人同時取水。而麗江三眼井實際上是一個泉眼出水，從高到低分三級地勢流淌。因三眼井按地勢而成，下塘水不會汙染上塘水，又可供不同需求者同時使用。

在麗江古城中，共有三眼井五個。凡有三眼井的地方，周圍都有小型廣場，栽有古樹名木，除了挑水、洗衣服的人外，早晚時分，還有許多老人小孩喜歡到此憩息，構成麗江古城特有的一幅現代「市井生活圖」，這也是麗江古城的一大特色。

麗江知府組織興建土司衙門

公元一三八二年，古城所屬通安州知府阿甲阿得歸順明朝，明朝在此設立麗江軍民府，明太祖朱元璋欽賜阿甲阿得姓木，並封他為世襲知府。

■朱元璋（公元一三二八年至一三九八年），明太祖朱元璋，字國瑞，漢族，明朝開國皇帝。原名朱重八，後取名興宗。公元一三六八年，在南京稱帝後建立了全國統一的封建政權。統治時期被稱為「洪武之治」。

此後，木得在獅子山麓興建麗江軍民府衙署，並繼續擴建古城貿易集市和街道建設，到了明朝末年，麗江古城已經呈現出一片繁榮的景象。

在現存的麗江古城中，有很多建築就是在明代修建起來的。其中，位於麗江古城西南角的便是明代的麗江軍民府府衙。

■麗江古城木府

此府衙俗稱木府，始建於公元一三八二年，府衙分布在一條東西軸線上，依次排列有金水橋、忠義坊、圓池、正殿、光碧樓、壽星樓、丹墀、一文亭、玉音樓、三清殿，直至獅山御園，一進數院，巍峨壯觀。

這是一座仿紫禁城的納西宮廷式建築群，西面為府署，中間為家院，東面為南北花園，可以說得上是氣勢恢宏，然而這裡面住的不是皇帝和皇后，而是納西族的世襲統治者木府家族。

原府衙於清咸豐、同治年間遭兵亂洗劫，現存府內建築是後世重建的。中軸線上的主體建築依次為：玉帶橋、忠義坊、木府門、議事廳、萬卷樓、護法殿、光碧樓、玉音樓、三清殿和後花園，側面還有驛館和木家院等。

其中，進入木府的第一道大門為關門口。這裡是明清時期茶馬古道必經之處。門口的一對石獅乃木府修牌坊時的獅子轉移至此，至今已有上百年的歷史。

天雨流芳牌坊是進入木府的第二道大門，上面寫著「天雨流芳」四個大字。這四字乃有一語雙意的意思，用漢語理解是「皇恩浩蕩如天雨流芳」。用納西語的解釋是「看書去吧」。

在天雨流芳牌坊後面，是明代木氏土司所建的玉帶橋，因護城河從北、東、南三面玉帶般環繞木府，此橋如玉帶上的扣飾，故名玉帶橋。因橋型酷似馬鞍，該橋又名馬鞍橋。一般的橋梁長度大於寬度，而玉帶橋橋寬則遠遠大於橋長。

進入木府的第三道大門是一座採用金沙江邊的漢白玉建成的，石柱撐著牌坊上的碑、椽、簷、坊蓋，共有兩層結構的大型石牌坊，名為「忠義坊」。

■木府忠義牌坊

牌坊上層中央是金字「聖旨」，下層的大號金字是聖旨的內容：「忠義」，這是明神宗朱翊鈞欽賜鐫刻的。四隻石獅蹲踞在牌坊前，威風凜凜。赫赫有名的木府就在牌坊後邊。

　　朱翊鈞（公元一五六三年至一六二〇年）是明朝第十三位皇帝，明穆宗第三子，即萬曆皇帝，廟號神宗。他親政初期，勤於政務，在軍事上發動了「萬曆三大征」，平定寧夏之役和楊應龍叛亂，對外幫助朝鮮擊敗侵朝日軍。在位四十八年，是明朝在位時間最長的皇帝。

　　木府朝向坐西朝東，與一般古代官府坐北朝南不同，木府是朝向皇帝所在的方向，體現著孝忠皇帝。

　　木府的門都是木的材質，因為木府還有自己的理論，那就是「木府理論」。

　　「木府理論」稱：木氏土司當年極為尊崇「開門為諸侯，關門是天子」的思想；其次納西族因在「夾縫中求生存」，非常推崇漢文化教育；同時，木府內「木」的內涵很豐富：「見木低頭」、「麗江和『木』相處」、「以水養木」、「喜木朝陽」等；再者，木氏土司與中央王朝關係密切，許多匾額、門聯等都反映了這一點。

■麗江古城木府萬卷樓

■麗江古城木府內的議事廳

為此，可以看出，「木府理論」其實也是尋回了被人們久已遺忘的木氏王國文化而已。

進入木府大門，是一個大廣場，左右是鐘鼓樓，穿過廣場步上三層平台是一座巨大的宮殿式建築議事廳。土司木公在這裡辦公，廳前高懸三塊金匾，是明太祖、明成祖等三位皇帝賜給木土司的，內容都是「誠心報國」，既是褒獎，也是希望。

議事廳後是坐落在水中央的三層的萬卷樓，這裡是木土司藏書學習的地方，環境清幽，門窗木雕精美。萬卷樓的後門上是嘉靖年間皇帝賜的「忠孝文武」匾。

往後去是就是護法殿又稱後議事廳。據說這是木土司處理家事的地方，中間供奉「天地君親師」的牌位和土司祖先的畫像，後門上掛著「喬木世家」匾。

詔書皇帝布告天下臣民的文書。在周代，君臣上下都可以用詔字。秦始皇統一六國，建立君主制國家後，自稱朕。並改命為制，令為詔，從此詔書便成為皇帝布告臣民的專用文書。漢承秦制，唐、宋廢止不用，元代又恢復使用。明代用詔書宣布重大政令或訓誡臣工。

　　護法殿後，一條街道把木府分成兩部分，靠過街樓連接。從後門進入光碧樓，樓上陳列著麗江古往今來的傑出人物的畫像照片。

　　光碧樓的後邊是亭亭玉立的玉音樓，這裡是專門存放歷代帝王發布的詔書，以及接聖旨之所和歌舞宴樂之地。

　　演奏樂曲，接待來客，本來應該是一座很快樂的建築。但是人們看到二樓後邊懸掛的一塊匾就快樂不起來了，匾上寫著「天威咫尺」，意思大概是不要以為山高皇帝遠，不要過分放縱自己，忘記自己對國家的責任。據說，這塊天威咫尺匾額是一位名叫木增的土司對後世子孫意味深長的警示，要求後世子孫千萬要加強自我約束。

　　古城內木府背枕獅子山，山上遍植柏樹，如今獅子山上還保存有一大片古老的柏樹林，它就是「麗江十二景」之一的「黃山古柏」。在獅子山極目下望，古城鱗次櫛比的民居瓦房呈現出一片與天地混融的黛青色，蒼蒼茫茫宛若一幅巨大的水墨畫。

【閱讀連結】

　　古城內木府大門前的「忠義坊」是一堵石牌坊。相傳麗江木天王為了建造石牌坊，派許多工匠到江邊開鑿石頭，把重達五百至五千公斤的石柱石板往麗江古城運，許多人被活活累死。

　　石料備齊後，木大王又叫一位麗江白族師傅來主持工程，搭架試修了幾次都倒了。後來師傅從小孩的遊戲中得到啟發，先豎石柱，周圍拿土堆得和石柱一樣高，再砌麗江古城石牌坊，砌好後又把土撤去，終於成功。

　　據說，木府修建此牌坊時，四周用木板、竹子圍住，修好後才拆去。木天王怕走漏風聲，又把修牌坊的工匠活埋滅口。

徐霞客做客古城木府福國寺

公元一六三六年，已經五十一歲的明代大旅行家徐霞客，從家鄉江蘇無錫出發，開始他一生中最後，也是時間最長、路程最遠的一次考察旅遊。

■徐霞客（公元一五八七年至一六四一年），名弘祖，字振之，號霞客，漢族，江蘇江陰市人。偉大的地理學家、旅行家和探險家。作品被後人整理成《徐霞客遊記》。

兩年後，徐霞客從貴州進入雲南。當徐霞客進入麗江古城，踩在五彩碎石鋪成的街道上時，他被麗江的山水傾倒了。

　　在後來編撰的《徐霞客遊記》中，我們還能夠看到當時的麗江古城風貌：

　　塢盤水曲，田疇環焉。中有溪自東山出，灌溉田疇更廣。又有水西南自文筆山，沿南山而東轉，隨東圓崗之下，經三生橋而東，與二水會，於是三水合而成漾共江之源焉……

　　從徐霞客遊記中，我們可以觸摸到三百多年前這個文明古郡的縮影，感受到古老文化的巨構華章。

　　據說，徐霞客的麗江古城之行是受到當時的土司木增邀請的。

　　木增是明代納西族作家。字長卿，一字生白，號華岳。著有《嘯月函》、《山中逸集》、《芝山集》、《空翠居錄》、《光碧樓選集》等七部詩文集。遺詩一千多首，收入《四庫全書·子部雜家》。其詩多一題複詠，運用不同韻律和詩體表達不同的立意。

　　這位木增是麗江第十九代土司，他從十一歲起便世襲父職，有出眾的政治軍事天才。

　　當時，明朝的統治已走向末路，內憂外患。忠於明朝皇帝的木增，多次貢獻銀餉給明朝廷，以急朝廷的戰事之需。他還上書給皇帝，建議皇帝敬天，遵守先祖法變；愛身修德，去聲色；愛民減役薄稅；用賢能；廣開言路；詳察親訪，辨別好壞；守信用，賞罰分明；平定遼東邊患；重視孔子之學等。

　　公元一六二〇年，明皇帝賜給木增「忠義」，這就是後來麗江古城木府門前的忠義牌坊的由來。

　　除了在軍政方面表現卓著外，這位木土司自幼勤奮好學，博覽群書，少年時就能吟詩作賦。他在納西族地區大力倡導學習漢文化。

　　為此，木增還在麗江木府內興建了「萬卷樓」，廣泛收集百家經典，在現存的古城木府裡，還有他當年收集的漢文叢書。

另外，木增的書法也很出色，在後來修建的麗江博物館，人們可以看到他書寫的兩副對聯：

僧在竹房半簾月；

鶴棲松徑滿樓台。

談空巴喜花含笑；

說法僧聞鳥亂啼。

從兩副對聯中，人們可以看到這位土司的草書瀟灑飄逸，功底深厚。

木增在納藏文化史上的最大功績，是公元一六一四年親自主持開始刊印藏文佛經大典《甘珠爾》。這部一百零八卷包括一千多篇文獻的經典歷時九年才得以完成，史稱麗江版《甘珠爾》。

再說徐霞客來到古城後，木增在古城的福國寺東堂五鳳樓前，隆重地接待了這位旅行家。徐霞客在這裡住宿幾天，還考察了麗江附近風物名勝。這在《徐霞客遊記》中記述非常詳細。

麗江古城的福國寺始建於公元一六〇一年，最早只是木氏土司的家廟。

當時的木氏土司請來漢傳大乘佛教僧人在此唸經修行，成為漢傳佛教禪寺，寺名「解脫林」。後來的明熹宗朱由校賜名為「福國寺」，此後福國寺之名一直被沿用了下來。

■麗江福國寺

據明朝《福國禪林紀勝記》碑載：

延袤數里，松檜萬章，盤桓夾層，是為解脫林。林中之梵剎、危樓、飛觀、繪椽薄櫨，金碧輝映者，為福國寺。

到了清代康熙年間，福國寺裡已沒有了漢傳僧侶住持。公元一六七八年，麗江木氏土司木懿從青藏請來都知等高僧，將福國寺改建為藏傳佛教噶瑪噶舉派寺院。

■麗江古城指雲寺

　　改擴建後的寺院成為了一所有經堂殿宇五大院、僧房十八院的建築群，
福國寺成為了麗江第一座藏傳佛教寺院。

　　福國寺是麗江五大寺的母寺，作為雲南最大的噶瑪噶舉寺院，噶瑪巴、
夏瑪巴、大司徒仁波切、嘉察仁波切等都曾在此主持過大法會，佛法極為興

盛，寺中珍藏有許多有關噶瑪巴活動的聖蹟和文物。當時有僧侶九十多人，規模甚是壯觀。

公元一八六四年的正月，福國寺毀於兵火，到了公元一八八二年又曾重建。福國寺後來被毀，只有「五鳳樓」與「解脫林」的門樓被保留了下來。

作為麗江主要的文化遺產，寺院最有名氣的當屬大殿五鳳樓。

五鳳樓，又名「法雲閣」，建築極為精美。無論從那個方向看，均像五隻展翅欲飛的鳳凰，五鳳樓也因此而得名。五鳳樓為三層木構塔式建築，三疊八角，氣勢十分雄偉。五鳳樓的簷角組成上翹曲線，使龐大沉重的樓頂，顯示出輕快的飛動感。

麗江五鳳樓

五鳳樓的樓尖為貼金寶頂，多節玲瓏。樓內雕刻精緻，彩繪典雅華麗，與大紅圓柱爭相輝映。天花板上繪有太極圖和飛天神王以及龍鳳呈祥等圖案，線條流暢，色彩絢麗，具有漢、藏、納西等民族建築藝術風格，是中國古代建築中稀世珍寶和典型範例。

五鳳樓是雲南省民族地區現存的一項具有科學、歷史、藝術價值的重要古建築。公元一九八三年，五鳳樓被雲南省人民政府認定為省級重點文物保護單位。

【閱讀連結】

據說，作為土司木增的貴賓，徐霞客受到了木家上下的盛情相待，在其宴會上，徐霞客驚嘆稱：「大肴八十品，羅列甚遙，不能辨其孰為異味也。」

同時，木增的兒子招待徐霞客時也毫不遜色：「菜餚中有柔豬、牦牛舌……柔豬乃五六斤小豬，以米飯餵成者；其骨俱柔脆，全體炙之，乃切片以食。牦牛舌似豬舌而大，甘脆有異味。」同時，徐霞客還被賜給了珍貴的紅氈、麗鎖。連當地福國寺的主僧也「饋以古磁杯、薄銅鼎、並芽茶為烹淪之具。」

蒼山洱海　大理古城

大理古城東臨碧波蕩漾的洱海，西倚常年青翠的蒼山，形成了「一水繞蒼山，蒼山抱古城」的城市格局。從公元七七九年南詔王異牟尋遷都羊苴咩城，已有一千兩百多年的建造歷史。

大理的全稱是大理白族自治州，是一個以白族為主的多民族地區，大理古城是中國首批二十四個歷史文化名城之一，大理城的城區道路仍保持著明、清以來的棋盤式方格網結構，素有九街十八巷之稱。

明代在羊苴咩城遺址建古城

作為中國首批歷史文化名城之一的大理古城，在中國古城中的地位是獨一無二的。後世所見的大理古城是以明朝初年在羊苴咩城的基礎上加以恢復的。

古城呈方形，開四門，上建城樓，下有衛城，更有南北三條溪水作為天然屏障。城牆外層是用磚砌而成，城內由南到北橫貫著五條大街，自西向東縱穿了八條街巷，整個城市呈棋盤式布局。

■雲南大理古城內的石頭房屋

■大理古城內的白族民居

羊苴咩城位於大理城南的蒼山中和峰下，僅留殘垣的城牆。

羊苴咩城是繼南詔太和城後，南詔、麗江古城國的重要都城。北城牆依梅溪修建，溪水深溝成了天然的護城河。羊苴咩城牆用土夯築。據史書記載，羊苴咩城南城牆應在龍泉溪旁，但城牆遺跡不明顯。

在大理古城內，有一塊公元一三〇九年的《加封孔子聖詔碑》，碑文內容表明，大理古城是羊苴咩城東面的一部分。

早在六詔與河蠻並存時期，羊苴咩城就是大理洱海地區的一個較大的村邑，已經具有城市的雛形，是南詔王皮邏閣統一六詔、征服河蠻後占領的城邑。

皮邏閣（公元六九七年至七四八年），南詔的第四代王。他在位期間，在唐王朝的支持下併吞了其他五詔，使洱海地區統歸南詔管轄。公元七三八年，他入京朝貢，受到唐玄宗的禮遇，加封為「特進雲南王、越國公、開府儀同三司」。

閣邏鳳曾對羊苴咩城進行擴建，成了南詔的重要城鎮。

《蠻書》為記載南詔史事的史書。又名《雲南志》、《雲南記》、《雲南史記》、《南夷志》、《南蠻志》、《南蠻記》。共十卷。唐樊綽撰。

公元七七九年，南詔王閣邏鳳去世，由於他的兒子鳳迦異早逝，而立他的孫子異牟尋為南詔王。後來，異牟尋修建了三陽城作防禦吐蕃城垣，並於公元七七九年將王都從太和城遷至羊苴咩城。

羊苴咩城和雲南省大理太和城一樣，只有南、北兩道城牆，西依蒼山為屏障，東據大理洱海為天塹，羊苴咩城地勢十分險要。據《蠻書》記載，羊苴咩城內建有南詔宮室和高級官吏的住宅。

羊苴咩城南、城北兩座城門之間由一條通衢大道相連。城內有一座高大的門樓，在左右有青石板鋪墊的高大台階。從羊苴咩城南城門樓進去，走三百步就到第二座門樓，羊苴咩城兩旁又有兩座門樓相對而立。這兩座門樓之間，是高級官員清平官、大軍將和六曹長的住宅。

清平官是南詔官名，相當於唐代的宰相。繼南詔之後的大長和、大天興、大義寧、大理均沿置。南詔最高行政長官統稱「清平官」，六人七人不等，清平官中設「內算官」一人，掌握機密，威權極重。

　　大軍將也是南詔官名。員十二人，與清平官地位相仿，在內則每日與王商議國事，出外則領兵任節度使。清平官出缺時，以大軍將遞補。

■大理古城城樓

■大理古城城牆

進第二道門，走兩百步到第三道門。門前置放兵器，在羊苴咩城內建有兩座樓。第三道門後面有一照壁，走一百步就可以見到一大廳。

這座大廳建築宏偉，廳前建有高大台階，廳兩旁有門樓，廳內屋子層層疊疊。過了大廳，還有小廳。小廳後面是南詔王的宮室。

公元八五六年，南詔王勸豐佑在羊苴咩城內修建了一座宏偉的建築物，這就是五華樓。五華樓位於大理古城的中心部位，是古代南詔王的國賓館，又叫五花樓。因其規模相當的宏大，在南詔時，曾被稱之為「天下第一樓」。

這個巨大的羊苴咩城樓上可容納萬人，下面可以豎五丈旗，是南詔接待西南各部落酋長的國賓館。每年，南詔王以及後來大理國的大理王都會在五華樓會見西南夷各個小國君長，和其他一些重要賓客，賜以酒席佳餚，奏以南詔、大理時期的音樂。

據《南詔野史》記載，元世祖忽必烈征大理時，曾在五華樓前駐過兵，後五華樓被戰火燒毀，明代已不存在了。後人從五華樓遺址發掘出的宋元時期的石碑，碑文進一步證實了《南詔野史》的記載。

五華樓作為國賓館的歷史也長達數百年之久。明洪武年間，政府在易址重修大理古城時，將城中的鐘鼓樓改稱五華樓，但其規模格局已遠遠不如南詔時期的五華樓。公元一八六二年，清代地方官又集資重修五華樓，後來，又屢經修建。

《南詔野史》記載，到公元一二五三年，羊苴咩城作為南詔旅遊景點、大長和、大天興、大義寧、大理國等王朝的都城。

公元一二七四年，元朝在雲南建立雲南中書省，雲南省會設在鴨池城後，羊苴咩城才失去雲南政治、經濟、文化中心的地位。公元一三八二年，明朝新建大理府城，大理羊苴咩城才逐漸荒廢。

【閱讀連結】

南詔王閣邏鳳去世後，立他的孫子異牟尋為南詔王。當時正值南詔、吐蕃聯軍進犯西川，即四川，遭到唐將李晟的痛擊。吐蕃責怪南詔，改封異牟尋為「日東王」，使大理南詔的地位降為吐蕃屬國。

據《舊唐書》記載，異牟尋是一個知識淵博，有才智，頗具領導才能的人。當他開始意識到叛唐投靠吐蕃的危害時，希望重新歸附唐朝，但又害怕吐蕃興師問罪，異牟尋修建了三陽城作防禦吐蕃城垣，並於公元七七九年將王都從太和城遷至羊苴咩城。

始建於古南詔國的崇聖寺三塔

崇聖寺三塔，是南詔國和大理國時期建築的一組頗具規模的佛教寺廟，位於原崇聖寺正前方，呈三足鼎立之勢。崇聖寺初建於公元八二四年至八五九年間，大塔先建，南北小塔後建，寺中立塔，故塔以寺名。

崇聖寺三塔位於大理古城北，東對洱海，西靠蒼山，是大理市「文獻名邦」的象徵，是雲南省古代歷史文化象徵，也是中國南方最古老、最雄偉的建築之一。

崇聖寺是中國明代旅行家徐霞客在《滇遊日記》中所寫的三塔寺。崇聖寺的壯觀廟宇在後來燒毀，只有三塔完好地保留下來。

崇聖寺三塔，由一座大塔和兩座小塔組成。大塔又叫千尋塔，與南北兩個小塔的距離都是七十公尺。

■大理三塔旁的崇聖寺

　　千尋塔高約七十公尺，是方形密簷式空心磚塔，一共有十六級，具有典型的唐代建築風格。塔身內壁垂直貫通，上下設有木質樓梯，可以登上塔頂從瞭望小孔中欣賞大理古城的全貌。

　　密簷式塔是中國佛塔主要類型之一，是一種由樓閣式塔演變而來的新式佛塔，多是磚石結構。密簷式塔始於東漢或南北朝時期，盛於隋、唐，成熟於遼、金，它是由樓閣式的木塔向磚石結構發展時演變而來的。密簷式塔是唐代、遼代塔的主要類型，而且多為四角形、六角形和八角形。

　　千尋塔矗立在兩層高大的台基上，塔前朝東的照壁上有「永鎮山川」四個蒼勁有力的石刻漢字，是由明代黔國公沐英的孫子沐世階所寫。

　　千尋塔始建於公元八二三年至八五九年間。建塔的方法傳說有多種，其中的一種叫「土層掩埋法」，也就是由塔基開始，每修好一級塔，就用土層掩埋一級，並把土堆壓成一個斜坡形的土台子，這樣就大大方便了運送建築材料和修建上一級塔。等到大塔封頂時，土台的斜坡已延伸數千公尺遠，接下來又一層一層地挖去埋塔的土層，直到完全顯露出整座塔。

三塔中，南北兩座小塔高度相同，約四十二公尺，各有十級，是一對八角形密簷式磚塔，八層以上是實心，八層以下則是空心。外觀輪廓線像錐形，具有典型的宋代建築風格。

南北小塔約建於公元一一〇八年至一一七二年間，大理國段正嚴、段正興時期。隨著年代的久遠，兩座小塔已經偏離了垂直線，傾斜了四百多年。

仰望三塔，千尋塔每級四面都有拱形佛龕，相對的兩龕內供有佛像，另外兩龕則作為窗洞直通塔心。而南北小塔，每級的八方都有形狀各異的塔形佛龕，各層塔身都有浮雕作為裝飾。崇聖寺三塔的級數都為偶數，而其他地方佛塔的級數一般都是奇數。佛龕即是供奉佛像、神位等的小閣子，如佛龕、神龕等，一般為木製，中國古代的石窟雕刻一般是神龕式，小龕又稱櫝。龕原指掘鑿岩崖為空，以安置佛像的地方。後世轉為以石或木，作成櫥子形，並設門扉，供奉佛像，稱為佛龕。

崇聖寺三塔，從修建之日起，除了經歷上千年風吹雨打和日晒之外，還經歷過三十多次強地震考驗。其中，明代正德年間的大地震，大理古城房屋絕大部分倒塌，千尋塔也折裂如破竹。可是十天後，千尋塔竟奇蹟般地自行復合如初。

崇聖寺及三塔建成後，一直到明代，寺院保存完好。

據史料記載，崇聖寺及三塔是三閣七樓九殿，房屋八九十多間，有佛像一點一四萬尊。

大理國時期曾有九個國王禪位為僧，任崇聖寺住持。在佛教盛行的大理國時期，百姓不論貧富，家家戶戶都有佛堂。不論男女老少，都手不釋數珠，因此大理國素有「佛國」之稱。

■崇聖寺三塔

　　而崇聖寺又有「佛都」之譽，而寺中的三塔、鴻鐘、雨銅觀音、證道歌碑和佛都匾、三聖金像，被視為五大寶物。直到明代，官員李元陽組織重修崇聖寺時，寺中的五寶還保存完好。

　　寺內的雨銅觀音塑像，莊嚴靜美，細腰赤足，造型精妙。相傳，當時在殿內鑄造高近十公尺的觀音像時，鑄到一半銅就已用完了，這時天上下了一場銅雨，人們便收集這些如珠銅雨才鑄完了觀音，故名雨銅觀音。

在南詔和大理國時期，藏傳佛教、印度密教和禪宗等宗教文化曾在大理得以交匯與融合。

【閱讀連結】

在千尋塔上書有「永鎮山川」四個字，之所以寫這四個字，有兩種說法。

一種說法是大理地區歷史上水患較多，惡龍作怪，因此要治水就要先治龍。可是，龍只畏懼大鵬。因此只要塔和塔上的大鵬金翅鳥存在，龍就不敢作惡了，水患當然也就減少了。

另一種說法是，明朝時期，地處邊疆的大理地區已劃歸明朝版圖，明政府為了充分表達對這塊版圖的堅守之意，在屹立不倒的塔基上題字刻碑就再合適不過了。

▍康熙年間始建古城第一門

文獻樓位於大理古城南門外，素有古城第一門之稱，是大理古城的標誌性建築。

大理古城文獻樓

文獻樓始建於清代康熙年間。因樓額懸掛雲南提督偏圖，漢名李羲瑞在公元一七〇一年所題的「文獻名邦」匾額，故名文獻樓。「文獻名邦」匾的兩側有清代文人周仁所寫的長聯：

■大理古城文獻樓內的題詞

溯漢唐以還，張叔傳經，杜公講學，碩彥通儒代有人，莫讓文獻遺風暗消在新潮流外；

登樓台而望，鷲嶺夕陽，鶴橋小路，熙來攘往咸安業，但願妙香古國常駐於大世界中。

這副對聯簡單明瞭地介紹了大理古國的風情。

此外，還有「文獻樓」、「南詔故都」等匾額。樓的東牆上鑲嵌一塊紀念大理最早的漢文化傳播者張叔、盛覽的石碑，上刻「張叔盛覽故里」六字石碑。

文獻樓橫跨古城南面進入大理古城的通道兩旁，柳樹成蔭，充滿詩情畫意，是當時官府迎送達官貴人的門戶。

矗立在磚石結構門洞上面的文獻樓，是兩層歇山式土木石結構的鏑樓，具有典型的白族建築特色。文獻樓歷史上幾毀幾修，重建後的樓體雄偉壯麗。

大理古城另一處標誌性建築是弘聖寺塔，俗稱一塔，位於大理古城中和鎮西南原弘聖寺前。歷經歲月，大理弘聖寺早已蕩然無存，只存寺塔威嚴聳立。

弘聖寺塔是十六級密簷式方形空心磚塔。弘聖寺塔全塔分為基座、塔身和塔剎三個部分，有三台正方形基座，四壁用石頭疊砌，備台之間有石階相通。

弘聖寺塔第一台石階在南面，第二台石階在東面，第三台石階在西面，直對塔門。

弘聖寺塔門呈圭角式，其上鑲淺浮雕的五尊佛像，東、南、北三面各劈假券門一道，弘聖寺塔身各層之間用磚砌出疊澀簷，四角飛翅。從二至十五層，每層四面皆有佛龕，龕內置佛。弘聖寺塔佛頂四角原有金翅鳥現已不存。

疊澀是一種古代磚石結構建築的砌法，用磚，石，有時也用木材透過一層層堆疊向外挑出，或收進，向外挑出時要承擔上層的重量。疊澀法主要用於早期的疊澀拱，磚塔出簷，須彌座的束腰，墀頭牆的拔簷。常見於磚塔、石塔、磚墓室等建築物。

■楊慎（公元一四八八年至一五五九年），明代文學家，明代三大才子之一。字用修，號升庵，後因流放滇南，故自稱博南山人、金馬碧雞老兵。稟性剛直，貶謫以後，特多感憤。又能文、詞及散曲，論古考證之作範圍很廣。著作達百餘種。後人輯為《升庵集》。

雲南省弘聖寺塔剎裝置在塔頂覆鉢上，上為仰蓮，再上為七圈相輪，相輪上為八角形傘狀寶蓋，再上為葫蘆形寶珠，弘聖寺塔寶蓋角上掛有風鐸，弘聖寺塔的造型，與大理千尋塔相似。

　　塔剎指的是佛塔頂部的裝飾，塔剎位於塔的最高處，是「冠表全塔」和塔上最為顯著的標記，是塔頂攢尖收尾的重要部分。「剎」來源於梵文，意思為「土田」和「國」，佛教的引申義為「佛國」。各種式樣的塔都有塔剎，所謂是「無塔不剎」。

　　關於弘聖寺塔的建造年代，史籍記載的說法不一，如《大理縣志稿》中說：

　　弘聖寺塔，在大理城南弘聖寺，弘聖寺塔高二十餘丈，十六級。世傳周時阿育王建，明李元陽重修。

　　楊慎在《重修弘聖寺記》中又說：「塔形於隋文帝時。」

　　弘聖寺塔是宗教的產物，修建如此宏偉的建築物，必須具有一定的社會條件，以上說法均是附會。

　　現依據弘聖寺塔塔門上佛像的造型及所出土的梵文塔磚《阿閦佛滅正報咒》以及出土的塔、佛像的造型判定，應為大理南詔國時期的建築，明嘉靖時郡人李元陽曾對弘聖寺塔進行過修葺。

　　近代在維修弘聖寺塔時，曾在塔頂部發現一批南詔、大理國時期的重要文物。這些文物多是宗教題材的佛、菩薩、天王、力士、明王、塔模、金剛杵、銅鏡、手鐲、光珠和貝等。

　　相輪是五重塔屋根的金屬部分的總稱，塔剎的主要部分。從上到下依次是寶珠、龍車、水煙、九輪、受花、伏鉢、露盤。寶珠裝有佛舍利。龍車是高貴者的乘坐。水煙避免火災。九輪代表五智如來和四菩薩，受花用於裝飾的基台。露盤是伏鉢的土台。

　　材料質地有木、玉、金、銀、水晶、銅、鎏金銅和鐵等。每件文物都技藝精湛，堪稱上品，佛像的造型也是面貌各異。整座古塔簡直就是一座巨大的文物寶庫。

除了文獻樓和弘聖寺塔，元世祖平雲南碑也是不可多得的歷史證物。此碑立於大理古城三月街街場內，立碑時間為公元一三〇八年。

■大理文獻樓夜景

碑正面朝東，背靠蒼山，面向洱海。碑由青石座、兩截青石碑身、大理石碑額、麻石砌築圓券頂和圍護迎框組成。

石碑的頂部稍有殘缺。文字均為直行正書。碑文出自翰林院名家的手筆，文詞典雅，氣勢磅礡。上石著重敘述征伐雲南事蹟，下石頌揚了元世祖的功德。碑額半圓形，正面有「世祖皇帝平雲南碑」和雙龍捧月浮雕，背面刻有三尊浮雕像。

碑文不僅歌頌了元世祖討平雲南的赫赫戰功，還簡要地敘述了忽必烈揮戈南指、轉戰萬里，採取大迂迴的行軍路線，兵分三路向雲南挺進的經過。當時，忽必烈親自率領中路大軍，渡大渡河、雅礱江和金沙江，從麗江直逼洱海，一舉討平了大理。

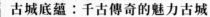
　　碑文還記載了元憲宗在大理的一些行政措施。因此，該碑對研究元初的政治、軍事及雲南地方史提供了較為可靠的實物資料。為了保護該碑，大理地方政府專門為該碑建了圍牆。

【閱讀連結】

　　元世祖平雲南碑的碑文追述了元世祖平雲南的經過。公元一二六二年，忽必烈由憲宗蒙哥「授納專征」。第二年，蒙古軍乘革囊渡過金沙江進入雲南麗江。此行之前，已經先行遣使前往大理，招降大理國段氏，但因道路受阻使臣沒有回來。十一月，從麗江又派使臣去招降大理國，可是使臣到了大理國便遭殺害。

　　公元一二五四年，忽必烈北上，輕鬆就打敗了大理國段氏。忽必烈下令：凡是善意歸降者，一律厚待。至此，宋朝大理地方政權滅亡。元軍攻下了羊苴咩城和拓東城以後，又平定了三十七個烏蠻部落，雲南從此天下太平。

湘西明珠　鳳凰古城

　　鳳凰古城位於湖南省西部，是中國歷史文化名城，中國國家 4A 級景區，曾被紐西蘭著名作家路易·艾黎稱讚為中國最美麗的小城。

　　鳳凰古城西托雲貴，東控辰沅，北制川鄂，南扼桂邊。是懷化、吉首和貴州銅仁三地之間的必經之路。

　　作為中國歷史文化名城，鳳凰的風景將自然與人文融合一處。建於清康熙年間的「湘西明珠」小到僅有一條像樣的東西大街，可它卻融風景秀麗與名勝古蹟於一身。

取名於百鳥之王的古城

　　鳳凰古城風景秀麗，歷史悠久。相傳天方國，就是古印度國的神鳥「菲尼克司」滿五百歲以後，收集香木自焚。後又從死灰中復生，秀美異常，再也沒有死。

鳳凰古城牌坊

這種鳥就是中國傳說中的百鳥之王──鳳凰。鳳凰古城的西南有一座山，酷似展翅而飛的鳳凰，鳳凰城因此而得名。

　　鳳凰古城古稱鎮竿，位於湖南湘西土家族苗族自治州的西南邊。在春秋戰國時期鳳凰古城屬於楚國的土地，秦朝隸屬於黔中郡，唐朝始設渭陽縣，元朝和明朝設五寨長官司，清代設廳、鎮、道、府，成為湘西軍事和政治中心。

■鳳凰古城

　　古城始建於公元一七〇四年，歷經三百多年的風雨滄桑，古風不減，古貌猶存。

　　東門城樓和北門城樓仍然存在。城內的青石板街道，黃絲橋古城、奇梁洞、江邊木結構吊腳樓，以及南方長城等建築，無不具有古城特色。

　　這座最美麗的小城，現有文物古建築六十多處，古遺址一百多處，明清兩代特色民居建築一百二十多棟。還有明清石板古街道二十多條。保存完好的唐朝舊縣治黃絲橋古城是中國保存最完整的石頭城之一。

　　黃絲橋古城始建於公元六八七年。據《湖南省志·地理志》所載：「唐置渭陽縣，縣治在今治西南，此地現名黃絲橋」，經宋、元、明、清各代改造

修葺，近代又修復，形成了一座雄偉壯觀的石頭城。黃絲橋古城在古代是官府屯兵之所，是歷代統治者的前哨陣地。

黃絲橋古城是青石結構建築，築城所用的石料全是採石灰岩的青光石。平整的石面精鑽細鑿，工藝考究。砌築時以糯米稀飯拌和石灰為砌漿灌縫，使數百公尺的城牆，渾然一體，堅固牢實。

腰簷塔與樓閣平座之下的屋簷，稱為腰簷。平座是樓層用斗栱、枋子、鋪板等挑出，利以登臨眺望的高台。通俗一點來說，建築除了頂部的屋簷，下層還有類似屋簷的結構，比如樓閣各層都有的簷口，以及塔的各層簷口，頂層除外都叫做腰簷。

古城開有三個城門，均建有十多公尺高的清式建築格局的高大城樓，東門城樓題「和育門」，西門城樓題「實城門」，北門城樓「日光門」。

三個城樓的屋頂均為歇山式，下層覆蓋以腰簷，上布小青瓦，飛簷翹角，分外壯觀。

城牆上部為鋸鑿形狀箭垛，還有兩座外突的炮台。不禁讓人聯想到當年，炮台之上箭垛之旁刀戟林立，人影浮動，刀劍劍影的悲壯場面。

奇梁洞位於鳳凰古城以北，屬典型的碳酸鹽岩洞。該洞以奇、秀、闊、幽四大特色著稱。共分古戰場、天堂、畫廊、龍宮和陰陽河五大板塊。

洞中有山，山中有洞，洞洞相連。它集奇岩巧石，流泉飛瀑於一洞，由千姿百態的石筍、石柱、石鐘乳構成了一幅幅無比瑰麗的畫卷。

奇梁洞前端就是古戰場。古戰場內，如今還有許多地名與這場戰鬥有關：被義軍用巨石砸翻而滾入河中的「落馬河」；打米供近萬義軍吃飯的「古碾房」；由義軍首領何車護身法寶荷花傘化成的「雨洗荷花」；以及何車的三員大將化成的「蛇頭石」、「整石」、「河馬戲山」等。

天堂是奇梁洞區別於「龍宮」的一大景區。走過古戰場，順河而下，是撲朔迷離、奇麗詭異的「龍宮」。拾級而上，隨著路懸坡陡，數百級台階盤，盤旋遞升直至景緻如畫，五光十色的「天堂」。

「天堂」精彩紛呈，美不勝收，有大的景點三十多處。溶性碳酸鹽岩在漫長的歲月裡，變幻出多姿百態，風韻萬千的眾多造型，為「天堂」造就了美妙絕倫的意境。

■ 依山傍水的鳳凰古城

除了大景點以外，還有眾多的小景點。它們一起構成了「天堂」那峰廻路轉、光怪陸離，瑰麗奇妙的無邊美景。

「十里畫廊」有林海雪原、冰山雪蓮、西南叢林、華山險道、躬耕桃源、西湖小景和殿堂琴音等，另有壁畫，仙人佛像，千姿百態。

「十里畫廊」一步一景，精妙非常，人間勝景，令人魂縈夢牽。

【閱讀連結】

傳說中，鳳凰是人世間幸福的使者，每五百年，它就要背負著積累於人世間的所有不快和仇恨恩怨，投身於熊熊烈火中自焚，以生命和美麗的終結換取人世的祥和和幸福。

同樣在肉體經受了巨大的痛苦和輪迴後它們才能得以更美好的軀體得以重生。鳳凰經歷烈火的煎熬和痛苦的考驗，獲得重生，並在重生中達到昇華，稱為「鳳凰涅槃」，這段故事以及它的比喻意義，在佛經中，被稱為「涅槃」。

宋代修建天王廟和楊家祠堂

到了宋代，鳳凰古城又增建了許多建築，其中最為著名的當數天王廟和楊家祠堂。雖然歷經歲月的洗禮，但是古城仍然成為四方遊人的嚮往之地。

鳳凰城的鳳凰樓

天王廟也稱三王廟和三侯祠，位於城東南觀景山麓。這是一組工藝精巧的古建築群，正殿坐南朝北，內置怒目威嚴的赤、白、黑三王神像，正門及門窗屋簷有許多奇特的古老浮雕。相傳，三王就是南宋宣撫靖州軍民總管楊勝龍、楊勝彪和楊勝纂三兄弟。

宣撫是官名。唐德宗後，派朝官巡視經過戰亂及受災的地區，稱宣慰安撫使或宣撫使。宋代宣撫使為鎮撫一方之軍政長官，職位高於安撫使。元代於西南地區設宣撫司，參用土官，處理地方軍政大事。明清宣撫使皆土官世襲之職。

■楊家祠堂匾額

三王廟的正殿梁間，掛滿了官商士民所獻的「威鎮苗疆」、「神恩浩蕩」和「威靈顯應」等各式木質金漆匾額。公元一八三六年，清太子太傅果勇侯總兵楊芳手書「三公天人」金字匾額一幅，高懸正殿中央，楷書四字筆力雄健，赫然映目。

楊芳（公元一七七〇年至一八四六年），字誠村。自幼家道貧寒，好讀書，苦練武，迫於生計，投身行伍。嘉慶帝對他倍加讚賞，賜他「誠勇巴圖魯」名號，升廣西新泰協副將。公元一八〇六年初，調任固原提督，後調任陝西西安鎮總兵。

太傅是古代職官，處於專制統治者的核心位置，直接參與軍國大事的擬定和決策，是皇帝統治四方的高級代言人。周朝設置，漢朝復置。東漢長期設立。歷代沿置，多用為大官加銜，無實職。

總兵是官名，明初，鎮守邊區的統兵官有總兵和副總兵，無定員。總兵官本為差遣的名稱，無品級，遇有戰事，總兵佩將印出戰，事畢繳還，後漸成常駐武官。

公元一七九七年及一八五六年，管轄湘西的統治者都曾借助過神權來統治苗疆，大肆編造天王神靈勝蹟，封「三侯」設「三侯祠」，以此來懾服百姓。

楊家祠堂位於鳳凰古城沱江鎮東門城樓和北門城樓之間。楊家祠堂的大門和一般的祠堂不同，側開，令人感到很是奇怪。原來，楊家人信風水，大

門斜開，正對著沱江，可以使祖業千秋，萬世榮昌，如沱江之水源源不斷，興旺發達。

進入大門，抬頭可見二重門上的牛頭和門上蝙蝠木雕。牛頭是湘西人的崇拜物事，用以闢邪，保佑平安。蝙蝠則是帶來福氣，帶來吉祥。

楊家祠堂是典型的四合院建築，木結構，上下兩層，由大門、戲台、過廳、廊房、正廳組成。戲台在正廳對面，單簷歇山頂，簷下飾如意斗栱，四根台柱雕龍刻鳳。

相傳鳳凰城中的楊姓都是大宋楊門忠烈的後代，所以戲台正中是「楊母教子」的彩繪，栩栩如生，其上寫著「威震三關」四個遒勁大字，後有兩側門，供演員出入，分別寫著「出將」和「入相」，彰顯楊家「出則為將，入則為相」的自豪

戲台兩邊有耳房、後台，專供演出者化妝休息。戲台的前方和上方有一組木雕，描繪的是一對青年男女自由戀愛，衝破重重阻力，後來幸福結合在一起，過著男耕女織的田園生活，最後兒孫滿堂，安度晚年的美好圖景。

戲台前是一小天井，鋪滿紅砂條石。楊家祠堂曾經是鳳凰城裡聽書看戲的公眾場所，特別是在節日期間，上演儺堂戲，娛神驅邪。唱戲之時，鑼鼓喧天，熱鬧非凡，盛極一時。

■楊家祠堂內的彩繪壁畫

■楊家祠堂牌坊

　　兩邊廊房，做工也很精細，頗為考究，窗戶、門、簷飾件都是鏤空雕花。以前，家族中有紅白喜事，做壽或重要聚會，就在廊房就餐。

　　儺堂戲土家族的一種祭祖活動，又受到中原文化及巴、楚文化的影響，有著比較明顯的巴人「俱事鬼神」和楚人篤信巫術的文化痕跡。它融巫術、原始宗教和戲劇為一體，成為一種佩戴面具演出的宗教祭祀戲劇，據說已有六百多年的歷史。

　　正殿為抬梁式，長方形天井鵝卵石鋪地，極為講究，為楊氏祠堂、議事之場所，香煙繚繞，莊重神祕，令人望而生畏。兩側還有楊氏家訓，楊家聲名已經百世流芳，子孫們千萬不要給祖宗臉面抹黑。

抬梁式指的是在立柱上架梁，梁上又抬梁，也稱疊梁式。使用範圍廣，在宮殿、廟宇、寺院等大型建築中普遍採用，更為皇家建築群所選。抬梁式構架始於春秋時期，是中國古代建築木構架的主要形式。

楊家祠堂設計精巧，壁畫栩栩如生，整體建築具有鮮明的民族特色和建築藝術價值，成為湘西重鎮最具特色的建築典範。

鳳凰古城在明清時期是大湘西的政治、經濟、文化的中心，戰事雖多，官商富紳也可雲集此地，統治者們政治策略上，採取「以夷治夷，以苗治苗」、「攻心為上，攻城為下」政策，因而在縣城裡，建有祠堂廟宇達五十多座，另有亭台樓閣十多座。

作為一種紀念性的建築，鳳凰古城的祠堂大致可分為兩類，一類是民眾集資修建，用以紀念出身於當地為官並有建樹的人物，如分布在縣城的傅公祠、王公祠、節孝祠等。

另一類則是同一姓氏的族人為祭祀其祖先而立，其用途均為紀念、祭祀、議事、娛樂場所，這類祠堂平面布局多屬四合院形式，其規模大小，根據族人繁衍人口及權勢、財勢大小來決定。

鳳凰古城的祠堂，以田、楊兩族的祠堂最大，而楊家祠堂也是鳳凰城內保護最好的祠堂。太子太傅、果勇侯楊芳率族人於公元一八三六年開始建築，由於楊芳官任三品，兵權在握，地位顯赫，曾以總兵職務統轄部隊鎮守鳳凰，且楊家本為名門望族，祠堂建築的規模並不比一般寺廟遜色。

【閱讀連結】

南宋紹興末年到淳熙初年，常德郡守鄔爾榮，無力征剿和收拾湘西騷亂的局面，便向南宋朝廷報告，派兵剿滅。宋孝宗便命令楊氏三兄弟出征。三兄弟設計誘敵到鳳凰奇梁橋洞邊進行決戰，取得勝利。

三王替朝廷效忠，卻並沒得到行賞，反而因為他們相貌威壯在朝廷上顧盼神威而遭人猜忌。皇帝聽信他們日後要謀反的讒言，賜給他們有毒的「御酒」，三人死後成了冤魂厲鬼。

傳說，公元一一八二年，三人變成三條金龍在朝廷現形，宋孝宗皇帝大駭，便封他們三人為「王」，在湘西鳳凰和乾州立廟。

明清時期對古城的增建修繕

　　鳳凰古城從建城之始，就受到歷代統治者的高度重視。到了明清時期，在原有布局的基礎上又增建了虹橋、南方長城、北門城樓、東門城樓、準提庵、崇德堂等。

　　虹橋橫臥於沱江之上，這道風景，由下而上、由古而今穿越六百多年的歷史。

■鳳凰古城虹橋

■亭子關稱王城，在湖南省鳳凰縣境內，是中國南方長城的起點。亭子關始建於公元一六一五年，是一個圓形屯堡。這個屯堡原設東、西、南三個大門。城牆內是兵房及守關兵丁家屬居所。

這座橋始建於明代洪武初年，頗信風水的鳳凰人都說，這座橋斬斷的是一條龍頸，令一條巨龍身首異處。

據傳，朱元璋聽信一位陰陽先生的讒言，說這裡早晚會有人出來問鼎中原，真命天子將出現。朱元璋於是硃筆一勾，龍頸被斬，鳳凰風水遭毀滅性破壞，鳳凰再也出不來皇帝了。

公元一五五四年，中國南方長城開始興建，並於公元一六二二年竣工。長城南起與銅仁交界的亭子關，北到吉首的喜鵲營，被稱為「苗疆萬里牆」，是中國歷史上工程浩大的古建築之一。

南方長城的大部分都在鳳凰古城境內，城牆繞山跨水，大部分建在險峻的山脊上，沿途建有八百多座用於屯兵、防禦用的哨台、炮台、碉卡、關門。

明代，湘黔邊境的苗人被劃為生苗和熟苗，生苗是不服從朝廷政府管轄的少數民族，他們因不堪忍受政府的苛捐雜稅與民族欺壓，經常揭竿而起。

■苗疆長城敵樓

　　為了安定邊境地區，鎮壓反抗，明代朝廷撥出白銀，在生苗與熟苗之間修築起了長城。清代統治者後來也對苗疆長城做了部分增補修建。

　　但是，苗疆長城也就沒有修築得像北方長城那樣雄偉壯大。明清以來，苗疆長城上的石塊不斷地被當地人拆去建房、壘坎。後人只能看到時斷時續的城牆和一些保存完好的城堡。

　　北門城樓本名「壁輝」，始建於明代。因位於鳳凰古城北面，因而稱為北門城樓，是鳳凰古城的四大城門之一。

　　北門城門呈半圓形，深七公尺，由紫紅條石砌成，上方刻有「壁輝門」三字。上有一幅石雕，是《三國演義》中的諸多人物，具有百戰百勝、勝利凱旋的寓意。城門之上是古磚砌就的城樓，上有八孔炮眼。站在城樓之上，可覽沱江秀姿，觀全城盛景。

　　古城樓兩端沿江岸築有城牆，也是由紫紅條石砌成。鳳凰古城在元、明時期曾是五寨長官司治所，有土城。長官司是地方政權機構名。元朝於西南少數民族地區置，又稱「蠻夷長官司」。秩如下州，設達魯花赤、長官、副

長官等,多以土人為之。明、清沿元舊稱,只作為土官世襲的地方政權。設升官、副長官等職。此外,明朝又置蠻夷長官司,設官及品級均同於長官司。

明代嘉靖年間從麻陽移鎮竿參將駐防在這裡,於公元一五五六年將土城改建為磚城,開設四扇大門,門上各蓋一樓。

到了清代,古城的軍事地位顯得更為重要。清政府先後在這裡設鳳凰廳、鎮竿城辰沅永靖兵備道治所,古城的建設也得到加強。公元一七一五年,朝廷又將磚城改建為石城,北門定名為「壁輝門」,此後一直保存下來。

北門城樓採用本地紅砂條石築砌,做工考究,精鑽細琢。城樓用青磚砌築,重簷歇山頂,穿斗式木結構,石座券頂。城樓對外一面開槍眼兩層,能控制防禦城門外一百八十度平面的範圍。

■苗疆長城城牆

■鳳凰古城裡的田家祠堂

　　北門城樓與東門城樓之間用城牆相連，前臨沱江，既有軍事防禦作用，又有城市防洪功能，形成古城一道堅固的屏障，北門城樓和城牆，雖久經滄桑，雄偉壯麗，雖幾經戰火，仍巍峨聳立於沱江河岸。

　　清代，朝廷又對鳳凰古城進行了增建，其中之一就是東門城樓。東門城樓就是「升恆門」，是鳳凰古城四大城門之一。

　　該城樓始建於公元一七一五年，位於城東，面對東嶺，緊靠沱江，古樸典雅。城樓仿照北京前門的式樣，用城磚砌築，工藝精湛，砌縫整齊，錯落有致，層次分明，城樓巍峨聳立，莊嚴雄偉。

　　城門下部是由紫紅砂岩砌成，上部城樓則用古磚砌築。城門呈半圓拱形。城牆全部用紅砂條石修築，規格一致。城樓大門上方有槍眼八孔。歇山屋頂，覆以腰簷，飛簷翹角，精美壯觀。

　　城門上建有兩層譙樓。樓內圓柱無斗栱，直接支承層頂。梁架結構為抬梁式與穿斗式的混合構架，大梁為「九架梁」。梁架上均有花蟲鳥獸作裝飾，古色古香。

主樓的重樓簷下原懸掛一幅青底黑字橫匾「出乎震」，是公元一八八〇年由邑貢生秦繩祖所書，與西門的「麗澤兌」匾額用典同出於《易經》，全樓俱油漆青色，寓東方屬青之意。

正殿當中有關雲長塑像，神龕兩旁塑有關平捧印。關公神龕兩旁塑有兩尊佛像，頂樓有二十八宿木雕神像。

由於東門城樓採用重簷歇山頂式屋頂，穿斗式木構體系。此樓風格高古，莊重大方，位於五個城樓之冠，極富南方古建築的特點。

與東門城樓同年建築的還有準提庵。準提庵位於鳳凰古城回龍閣古官道的南側，是一棟單簷磚石抬梁式硬山頂古建築。此庵於公元一八七〇年重修。

準提神準提菩薩，漢譯有準胝觀音、準提佛母、七俱胝佛母等名。準提菩薩是顯密佛教徒所知的大菩薩，在禪宗，則稱之為天人丈夫觀音。在中國佛教徒的心目中，準提菩薩是一位感應甚強、對崇敬者至為關懷的大菩薩，更是三世諸佛之母。修學準提咒並沒有任何限制。

■鳳凰古城遠景

入大門沿扇形石級而上就進入內門。內門也是半圓形，採本地紅砂石為基，青磚砌牆，兩側各有兩根石柱。石門兩邊各有一個圓形雕花木條窗，相傳這是準提神的眼睛，與江對岸的萬壽宮相望。庵內佛像、神像眾多，金身熠熠，香火旺盛。庵後是風光秀麗的觀景山，山泉鳥語，曲徑通幽。

崇德堂始建於公元一八四四年，是一座典型的南方四合院，全木結構建築。是清朝末期民國初年，鳳凰當地的首富裴守祿先生的宅院。

崇德堂分為上下兩層，下是由一間石雕展廳、兩間木雕展廳、中間會客廳和後方的餐廳以及後花園五個部分所組成；上層是主人及親屬的臥房。院子裡面種有兩顆桂花樹，它表示富貴。還有一顆石榴樹，它則是意味著子孫滿堂。

整座宅院共有大小匾額一百多塊，都是裴守祿先生所收藏的。

會客廳是以前主人接見重要商人的地方。膳房裡面所擺設的這些用具都是主人曾經用過的，門口擺設一對抱鼓石，是以前大戶人家的象徵。

【閱讀連結】

公元一九〇二年，鳳凰古城又增加了一處新的宅院，這就是陳斗南宅。它位於古城內吳家弄一號，在東門城樓和楊家祠堂之間，占地面積三百六十六點六平方公尺。

陳斗南建立了自家的宅院。宅院規模龐大，房屋為純木結構，古典嚴謹。該院落由前進、天井、中堂及後進組成，是四水歸堂迴廊式院落。院的四周防火牆高深嚴密，是江南典型的四合院，也是鳳凰古城四合院建築的典型代表。

陳氏祖宗泥塑像是泥人張傳人張秋潭大師的封世之作，被讚譽為中國國家級乃至世界級的泥塑藝術精品。

人間仙境　閬中古城

　　閬中位於四川省，自古以來就是古巴國蜀國的軍事重鎮，已有兩千三百多年的歷史。閬中古城傳說是神仙居住的地方，素有「天上瑤池，地下閬苑」之說。

　　閬中的建築風格體現了中國祖先的居住風水觀，棋盤式的古城格局，融南北風格於一體的建築群，形成「半珠式」、「品」字形等建築群體，是中國古代建城選址「天人合一」的典範。因三面臨水、四面山圍、城居其中故名，素有「閬苑仙境」之美稱。

周朝時期始建巴國別都

　　周朝時，閬中是巴國別都，公元前三一四年置縣，已有兩千三百多年。歷代王朝均在此地設立郡、州、府、道治所，並一直是川東北的政治、經濟、文化、軍事中心。

■ 閬中古城微縮模型

　　古老城區，歷經唐、宋、元、明、清的建設與發展，形成了大街小巷、民居宅院、官邸府衙、寺院廟宇等完整的建築體系。到了明代，閬中城已有三十多條街道，清末時增至四十多條。

閬中的民居宅院多是由京式四合院和江南園林式建築組合而成，並融合了巴蜀地方文化。形式各異的民居宅院，演繹出多樣建築架構。天井池台，迴廊亭榭，無不讓人流連忘返。

公元前二〇六年，劉邦受項羽之封，在漢中稱王，兼有巴蜀。公元二一四年，劉備平定益州，任張飛為巴西郡太守，郡治閬中。公元二一五年，魏將張郃自漢中入侵，張飛率萬人精卒，在瓦口打敗張郃，巴郡才開始安寧。

到了南宋初期，金軍試圖經陝西攻入四川，吳玠奉命抵抗金軍。經過吳玠在陝西境內幾次大捷之後，金軍突出奇兵，繞到吳玠背後，使吳玠不得不放棄陝西，退守四川，駐守閬中。此後吳玠、吳璘兄弟以閬中作為軍事重鎮，為南宋偏安的朝廷守住了西部的半壁江山。

■劉邦（公元前二五六年至前一九五年），漢高祖，歷任沛縣泗水亭長、沛公、漢王，後成為漢朝開國皇帝，中國歷史上傑出的政治家、策略家。楚漢戰爭擊敗項羽後，統一天下，建立漢朝。公元前二〇二年，劉邦稱帝，定都洛陽，不久遷到長安。

明末清初，閬中發生三次大戰。第一次是公元一六四七年秋天，清軍首次入川，張獻忠中箭

而死，清軍占領保寧、順慶、達州等地。隨後，又發生兩次大規模的戰役，為以後清朝的建立造成了至關重要的作用。

閬中古城自古就是兵家必爭之地，也是集本源文化、巴人文化、三國文化、科舉文化、天文文化、宗教文化和民俗文化等多元文化為一體的古城。

閬中戰國時曾是巴國最後一個都城。公元前三一四年，置閬中縣，其後歷設郡、州、府、道、縣等，明清曾作為四川臨時省，至今已有兩千三百多年的歷史。閬中被譽為四川最大的「風水古城」，是中國的四大古城之一，素有「閬苑仙境」、「天下第一江山」等美譽。

閬中古城民俗文化多姿多彩。閬中的山、水、城如唇齒般相襯相倚，人居環境妙趣天成，堪稱典範。自戰國中期巴國遷都閬中以來，歷代帝王都將其視為轄治西南的重鎮，競相在此設置郡、州、府、道並苦心經營。

尤其是唐朝初年魯王靈夔、滕王元嬰相繼鎮守閬中時，按宮苑格局大興土木、廣建殿堂，使閬中的建築格調驟然上品位、成規模，始有閬苑之稱。

此後歷代王子皇孫，朝廷命官在羈留這塊「風水寶地」期間，也紛紛聘能工巧匠，或興土木以建府第，或擇佳處以修別殿，逐漸使古城形成了獨特的唐宋格局、明清風貌。

古城保存下來的古街巷達六十多條之多，而古院落更是數以千計。閬中以其兩千三百多年的悠久歷史，原汁原味的古城風貌，已成為中國古代建築史上的珍貴文化遺產，被譽為「巴蜀古建築的實物寶庫」。

■閬中古城中天樓

　　古院落閬中古民居融合北方四合院和江南園林建築的特點，形成「串珠式」、「品」字形、「多」字形、「倒插門式」等風格迥異的建築群體，這些建築為古城營造了渾厚而帶有神祕色彩的文化氛圍。

閬中古城水碼頭客棧牌匾建築

　　玲瓏剔透，變化萬千的雕飾鏤刻，是閬中古建築的主要特徵之一。房屋上的握挑、吊簷、簷頭、門窗、門楣，大多有雕飾。這些雕刻圖案質樸，做工精細，在整體結構中造成畫龍點睛的作用。

　　特別是四合院中千奇百怪的鏤空窗花，是這些古民居的精華和靈魂之所在。閬中古民居的窗花達百種以上，有「中國民間建築的一大奇觀」之譽。

【閱讀連結】

公元前二〇六年，隨著秦王朝的土崩瓦解，各路諸侯開始瓜分地盤，項羽自封為西楚霸王。項羽為了扼制劉邦勢力的發展，與謀士范增私下密謀一番後，把偏遠的巴蜀地區分封給「漢王」劉邦。

當時，項羽的真實用意很明顯，就是想限制劉邦勢力的發展，給他來個英雄無用武之地。誰知這樣一個如意算盤卻最終落空。到頭來吃虧的不是劉邦，而是項羽自己。

項羽萬萬沒有想到，被自己視為雞肋的巴蜀之地卻成就了劉邦一代偉業，並導致了自己功虧一簣，自刎於烏江的結局。

見證古城滄桑的遺址和遺跡

作為中華民族本源文化的發祥地，閬中古城不僅人文景觀蔚為大觀，歷史遺跡也極為眾多。古城區內的重要歷史遺跡有漢桓侯祠、永安寺、五龍廟、瓦口關、滕王閣、川北道貢院和清真寺等。

漢桓侯祠又稱張飛廟。東漢末年張飛跟隨劉備起兵，情同手足。劉備定益州稱帝後，封張飛為司隸校尉、巴西太守鎮守閬中前後七年之久。張飛，字益德，三國時期蜀漢重要將領。官至車騎將軍，領司隸校尉，封西鄉侯，追謚「桓侯」。史書記載張飛是貴族，有智有謀。在中國傳統文化中，張飛以其勇猛、魯莽、嫉惡如仇而著稱。

■劉備（公元一六一年至二二三年），字玄德，東漢末年人，三國時期蜀漢開國皇帝，諡號昭烈皇帝，史家又稱為先主。劉備為人謙和、禮賢下士，寬以待人，素以仁德為世人稱讚，是三國時期著名的政治家，公元二二一年在成都稱帝，國號漢，史稱蜀或蜀漢。

■閬中古城內的張飛廟

公元二二一年，張飛為了急於報東吳殺害關羽之仇，逼迫部下趕製白盔白甲，被部將范強、張達殺害，葬於閬中，死後被追封為桓侯。

閬中人追慕張飛忠勇，在張飛墓前建闕立廟。唐時廟稱「張侯祠」，明代稱「雄威廟」，清代以來才叫「桓侯祠」。張飛廟是一組唐代風格的明、清建築四合院，規模宏大，建造精美。是由山門、敵萬樓、牌坊、大殿和廂房等建築組成。

明代時期重建了雄威廟山門，正門上端懸掛「漢桓侯祠」大匾。跨進「八」字形的大門，便是高聳的敵萬樓。這一時期又增建了敵萬樓，以張飛「力敵萬人」而名。

敵萬樓是重簷歇山式屋頂，華拱兩側出象鼻狀的斜拱，下簷斗拱繁複。內柱四根，形成井口，直承上簷，每柱用四瓣鑲成梅花方柱，以銀釘榫鉚合。

清代同治年間重修大殿。大殿在五級台階上，是歇山式大屋頂，磚雕拼合屋脊。

外廊置巨鼎，右有張飛立馬銘：「漢將軍飛，率精兵萬人大破賊首張郃於八蒙，立馬勒銘」，據說是張飛親筆書寫，足見張飛不僅是一員猛將，還是一位造詣頗深的書法家。

走進大殿，殿內正壁塑有清嘉慶年間追封張飛為「桓侯大帝」的冠冕座像，左壁有張飛使用的兵器丈八矛和點鋼鞭。

左右兩壁是岳飛草書的諸葛亮「前後出師表」，將大殿烘托出一派威嚴而儒雅的氣氛。

桓侯祠左右各有多間廂房，均配以雕花隔扇門，左廂房為雕塑廳，內有描繪張飛生前重要事蹟的塑像。後殿為墓亭，古雅肅穆。墓亭塑有張飛威武像，范強、張達跪於兩側。

■閬中古城內的張飛墓

　　墓亭下的拱穴內，端坐著「豹頭環眼，龍頜虎鬚」的張飛武身像。他的像前擺有盤龍石斗窩，就是「長明燈」。

　　張飛墓全用黃土壘成，宛如一個橢圓形的小山巒，歲月滄桑，墓穴無恙。墓上古木森森，碧草茵茵，似乎印證出千百年來無數後人對這位勇猛剛強、嫉惡如仇的「張三爺」的敬愛。

■張飛廟中的塑像

公元六六二年，唐高祖的第二十二子李元嬰接任隆州，即閬中市刺史期間親自督建滕王閣，同時建有玉台觀。把它作為娛樂和田獵場所。

閣前聳立一座魚狀石舍利塔，建於四世紀，比滕王閣早兩百多年。此塔給人一種非常奇妙、夢幻般的視覺效果。石塔右邊就是歸然屹立於疊級屋台之上的滕王閣主體建築。

朱紅巨柱，托舉層樓，雄偉壯麗。登樓南眺，錦屏之秀，蟠龍之奇，遠山近水，盡收眼底。

李元嬰是唐太宗李世民的弟弟，公元六三九年被封為滕王。因從小受寵，驕縱失度，屢犯憲章。是盛唐時期的風流王爺，瀟灑倜儻，喜愛音樂、舞蹈、能畫一手好畫。唐代張懷瓘的《畫斷》中稱他「工於蛺蝶」。

滕王閣位於閬中市城北的玉台山腰。它由滕王李元嬰親自督建，是一座唐代風格的歇山式雙垂簷屋頂的古典建築。整座建築氣勢宏大，富麗堂皇。

■閬中古城寧靜的街道

　　在滕王閣後面就是青石崖，崖上有洞，洞內壁刻有明代官吏邵元善寫的杜甫《滕王亭子》一詩的行書。外壁刻有歷代文人遊滕王閣題詠的詩文。

　　邵元善是明朝人，字台山，公元一五四三年舉人。授峨縣知縣，升民部司徒郎，又被謫通州判，改涿州知州。後被下獄，獲釋後再謫辰州府州判。所到之外，皆有佳績。尤其擅長辭賦，工吟詠，著有《賢奕稿》，陳宗虞為他作序。

　　除了漢桓侯祠和滕王閣外，還有永安寺、五龍廟、瓦口關、川北道貢院、孔家大院、天宮院、清真寺等著名古建築。

　　永安寺建於唐代，宋、元、明時期，屢經修繕。後世所存的都是元代和清代建築組成的古建築群。

　　五龍廟是元代建築，整個建築，既具宋代《營造法式》中某些建築特點，又有明顯的地方特色。其「叉手」用料為同期建築所罕見。五龍廟文昌閣雖僅存後殿，是保存不多的元代建築之一。

瓦口關曾是三國時期的古戰場，又名「瓦口隘」，山上原有一道順山勢起伏而成的石砌城牆，城牆中段有拱形石門，上刻「瓦口隘」大字，並有清代咸豐年間培修隘牆的碑記。後來只存隘牆痕跡和砌牆的石灰印痕。

　　川北道貢院又叫考棚，具體建於何時，已無確切記載。川北道貢院是唯一保存全貌的古代鄉試貢院，也是保存最完好的一處高等級科舉考場。

　　孔家大院是明代孔子第七十六代孫所建的住宅，已有四百多年的歷史。該院坐南朝北，由正院十間房屋左右對稱。中間為主庭，東西兩側為花廳，占地三百多平方公尺，建築布局為四合院，是典型的川北古民居大院。

　　天宮院位於閬中城南的天宮鄉。始建於唐代，公元一四五九年重建。天宮院因唐代天文學家袁天罡、李淳風晚年先後來閬定居，在此著書立說，死後埋藏於此地，為了紀念他們二人而建立。正殿為雙重簷歇山式屋頂，台梁式屋架，用料粗大，觀音殿面寬三間，進深三間，是疊梁式和穿斗式結構相結合的建築。

■閬中古城城牆

■有中式建築風格的清真寺巴巴寺

　　清真寺建於公元一六六九年，由陝甘土木專家仿西安華覺寺設計建造。大殿為傳統宮殿式，取明五暗三格局，無中梁，俗稱「二郎擔山」，其造型古樸莊重，氣勢雄偉，整個大殿雕梁畫棟，古雅清淨，是中國著名的清真寺之一。並且以其小巧奇絕、精工富麗的建築藝術，吸引著四方遊客。

【閱讀連結】

　　張飛在閬中駐守七年，屢立戰功。據說，有一次曹魏大將張部帶領五萬大軍進攻閬中，當時張飛的守卒不到一萬人。但是張飛率領兵士在宕梁與張部相抗衡，前後長達五十天。後來，張飛依靠當地人民的支持，從梓潼山小路直奔張部的大本營——瓦口隘，在那裡把張部打得落花流水，從而取得保境安民的勝利。

　　閬中人非常感戴他，在他死後，特意選取最好的石頭精工雕成一座「長明燈」。千百年來，每到清明節，人們都要為張飛掃墓，給長明燈獻油。

國粹源頭　歙縣古城

歙縣古城是中國歷史文化名城，是徽州文化及國粹京劇的發源地，也是徽商的主要發源地以及徽墨、歙硯的主要產地。

歙縣古城歷史悠久。據唐代《元和郡縣志》記載，東漢末年，烏聊山曾有一座叫做毛甘的故城，即是歙縣的前身。

古城後世所存的城牆，以及一些宋代以前的古蹟，基本保持明、清時期風貌。

兩千年悠久歷史的古城古韻

歙縣古城在歷史上曾是古徽州的州治所在地，它是一座具有兩千多年歷史的古城。歙縣位於杭州、千島湖、黃山和九華山的中心點，這裡山明水秀、風光旖旎。城內古民居群布局典雅，園林、長亭、古橋、石坊、古塔到處可見，時時散發著古風古韻。

■歙縣古城全貌

作為中國保存最為完好的四大古城之一，歙縣古城保存有許多名勝古蹟。這些古蹟包括太白樓、許國石坊、方士載宅、斗山街、東譙樓、南譙樓、徽州府衙、古紫陽書院等。

■臨水而建的歙縣城

在古城的府城和縣城內存有明清時期的牌坊。宋代以前的古蹟包括東南兩座譙樓、蛤蟆井、打籬井等，而大北街、斗山街和中山巷等街巷則基本保持著明清時期的風貌。

唐代著名詩人李白，字太白，太白樓取其字號因此而建。太白樓位於歙縣城西的練江邊，太平橋西端，背靠山巒。太白樓始建於隋末唐初，後存的房屋都是明清時期重建的。

太白樓樓簷下懸有三字匾額「太白樓」。樓下正面有三開間，原大門朝東迎向太平橋，後來整修時被封閉，沿江古道從左、右邊門穿過。內牆上嵌有歷代重修太白樓的記事碑。

李白，字太白，號青蓮居士，唐代詩人，有「詩仙」之稱，是偉大的浪漫主義詩人。存世詩文千餘篇，代表作有《蜀道難》、《將進酒》等詩篇，有《李太白集》傳世。公元七六二年，病逝於安徽當塗，享年六十一歲。其墓在安徽當塗。

太白樓照壁上方有一匾額「長天一勺」，意思是天地雖廣，勺水雖微，但運動變化之理是相通的。同時也表明李白懷才不遇，猶如天外之一勺。在大堂上有一大幅李白畫像。兩側楹聯：

四壁雲山開醉眼；

一樓風月話詩仙。

相傳，這裡的太白樓原是一個酒肆，唐代詩仙李白來歙縣訪問隱士許宣平卻沒有遇見。李白曾在這裡飲酒，後人為了紀念詩仙李白，特將酒肆改名為「太白樓」。

許宣平是唐代著名道士，新安歙縣人，《續仙傳》、《歷世真仙體道通鑑》、《唐詩紀事》、《太平廣記》等都有關於他的傳記。他當時長期隱居於歙縣城南的紫陽山中，結庵辟穀修煉。許宣平形貌異常，經常擔柴入市販賣，以換酒喝。

■歙縣萬粹樓

■歙縣太白樓

歙縣人許國衣錦還鄉時，當地人為他立了一座石坊，這就是許國石坊。許國石坊四坊架連，八腳並立，俗稱八腳牌坊，被後人譽為東方的凱旋門。

許國，字維楨，明代歙縣人，公元一五六五年進士，嘉靖、隆慶、萬曆三朝為官。公元一五八四年平夷有功，晉太子太保，武英殿大學士。著有《許文穆公集》。在歙縣城中有許國石坊，建築技術十分高超，結構嚴謹，布局合理，形制為國內罕見。

石坊四面八柱，「口」字形，故俗稱「八腳牌樓」。石坊是仿木構造建築，由前後兩座三間四柱三樓和左右兩座單間雙柱三樓式的石坊組成，每一處都飾以精美的雕刻。十二隻獅子雄踞於石基之上，形態各異，栩栩如生。

牌坊東南西北四個方向的內外側都有精美的圖飾。許國石坊上有「恩榮」、「先學後臣」、「上台元老」、「大學士」、「少保兼太子太保禮部尚書武英殿大學士許國」的館閣體題字，均出自明代大書畫家董其昌之手。許國石坊的南側就是方士載宅，該宅始建於明代萬曆初年，是大學士許國的閣老府的一部分，所以又名「許國相府」。

大學士又稱內閣大學士、殿閣大學士等。唐朝置修文館大學士。五代後梁曾置金鑾殿大學士。宋初，沿唐制，宰相分兼昭文館、集賢殿大學士，其後又置觀文殿、賢政殿大學士，用以優禮前任宰執。明清時置中堂一稱，一般指大學士或首輔大學士。

閣老府是一處大的建築群，門外有石獅和牌坊，內有大廳、花園和藏書樓等。

徽商故里斗山街位於歙縣城內，建於明清時期。據說，斗山街之名得於所依之山，因七丘相連，狀如北斗七星排列，稱為斗山。

斗山街是一處集古民居、古街、古雕、古井、古牌坊於一體的文化長廊，有典型的徽州名宅汪氏家宅，官府人家楊家大院，古私塾許家廳，世代商家潘家大院，千年蛤蟆古井，罕見的木盾牌坊葉氏貞潔坊，等。

東譙樓名陽和門，原名鐘樓，是重簷式雙層樓閣，是直通老街居民區的大門。東譙樓和南譙樓原來矗立在歙縣古城雙套城門內舊徽州府府衙的一部分，最早建於公元一一五〇年，咸豐之後，譙樓屢壞屢修。

■歙縣古城牌坊

東譙樓高三層，大梁架於高台上，下為門闕，街道從中穿過。南譙樓就是古代夜間向人們報時的地方，打更的鼓聲就是從譙樓傳向四面八方的。

南譙樓始建於隋末，是歙州人汪華吳王府外子城的正門門樓。宋宣和年間重建，公元一五〇一年進行了大規模的修建。

■ 歙縣中式門樓

　　唐代以前，城台均以土夯建築，所以建築門樓，必須在門闕靠壁立柱，南譙樓共立柱二十六根，中門闕門扇隱去兩根，只顯出二十四根，所以當地人稱它為「二十四根柱」。

　　古時樓上置有銅壺，用以滴漏定時，還有鼓具，以及察看星象推算曆法的儀器。南譙樓雖歷經風雨，多次修繕，但古制古風依舊，為江南一座有名的古譙樓。

【閱讀連結】

　　北宋的《太平廣記》中記載了這樣一個故事：有一次李白在洛陽同華傳舍牆上讀得一首歙人許宣平寫的詩：「隱居三十載，築室南山巔。靜夜玩明月，

閒朝飲碧泉。樵夫歌壟上，谷鳥戲岩前。樂矣不知老，都忘甲子年。」李白讀罷，擊掌驚呼：「此仙人詩也」。

遂來歙縣問訪許宣平。可是卻與許翁失之交臂。後又來到西干山麓，見山清水碧，風景宜人，即興留詩一首。後人為了紀念李白，將太平橋下練水中的一片淺灘取名為「碎月灘」。

▌見證滄桑的古徽州府府衙

在東譙樓旁邊，是古徽州府的象徵，其府衙歷經數次擴建，到明代中期達到格局最完整、規劃最恢弘的歷史時期，在建築、史學界素有「徽州故宮」之稱。

■徽州府衙

徽州府衙有南譙樓、儀門、正堂院落、後堂院落和廨舍院落五大組群。知府斷案的正堂，是徽州府衙的主體，按清代形制恢復，還恢復府衙儀門、息民亭和戒石碑亭等。

■歙縣內的太平橋

　　曹氏二宅位於徽城鎮打箍井街，由徽商後裔曹家興建於清末。與古城的府衙門、許國石坊、許國相府毗鄰。坐西朝東，二宅壁聯。

　　前有小院，下堂有廂房，天井兩側有廊，雕花屏門裝隔。宅內構件雕飾精美，保存完好，曹氏二宅是徽州古建築傳統風格延續發展的典範。

　　曹氏家族在清朝歷史上創造了奇蹟。僅乾隆一朝，歙縣雄村的曹姓子弟中進士者就有曹文埴、曹坦、曹城、曹振鏞、曹學詩等多人。

　　曹振鏞，字儷生，號懌嘉，文埴子，是公元一七八一年間進士，選庶吉士，任翰林院編修，後升侍讀學士。歷任內閣學士，工部、吏部侍郎。後來奉命撰《高宗實錄》，書成，加太子少保，調任戶部尚書，兼翰林院掌院學士。後任軍機大臣、軍機本臣兼上書房總師傅、太子太師，列次功臣之首。

　　新安碑園是一座典型的徽州私家園林式建築，它憑太白樓，靠披雲峰，借練江水，臨太平橋，以曲折有致而又含蓄豐富的借景表現手法，使這座在彈丸之地依山而築的園林，顯得幽深而又奇巧。

　　「披雲小築」，是一幢三開間仿明清風格的平房，房前有庭，房後有院，內部的門窗型樣、磚雕紋飾，顯示出徽州古建築的獨特風格。

■歙縣名景「天下第一樟」

「兩清堂」，其堂名是由於這裡藏有著名的《餘清齋帖》和《請鑑堂帖》兩部碑帖而得。此外，假山、水池、亭榭、小橋點綴其間，花牆、漏窗、門洞相互通透，使它成為歙縣一大名勝。

碑帖俗稱「黑老虎」，碑帖是碑和帖的合稱，實際「碑」指的是石刻的拓本，「帖」指的是將古人著名的墨跡，刻在木板上可石上彙集而成。在印刷術發展的前期，碑的拓本和帖的拓本都是傳播文化的重要手段。以後人們為了學習書法，或作歷史資料都要學習這些文字資料。

紫陽書院是全中國著名書院之一，郡守韓補始建於公元一二四六年，初建在府城南門外紫陽山麓，理宗皇帝御題「紫陽書院」匾額。

紫陽書院以祭祀朱熹，宣揚朱熹理學思想為主。元代至元年間遷於南門內，延二年又遷於南門外，後毀於兵。明洪武初，重建於歙縣縣學右之射圃。朱熹（公元一一三〇年九月十五日至一二〇〇年四月二十三日）是南宋著名理學家、思想家、哲學家、教育家、詩人、字元晦、一字仲晦，號晦庵、晦翁、考亭先生、雲谷老人、滄洲病叟、逆翁。他是閩學派的代表人物，世稱朱子。

　　正德七年郡守熊桂重修紫陽書院，並親自主教。正德十四年郡守張芹，別建書院於紫陽山中，從此，歙縣有兩個紫陽書院，講學之風稱盛一時。明末四毀書院，兩書院門庭冷落。

　　清康熙、乾隆先後御題「學達性天」、「道脈薪傳」兩匾額。公元一七九〇年，歙縣人曹文埴、鮑志道等於縣學後朱文公祠建「古紫陽書院」，重振講學之風，桐城姚鼐曾講學於此。在咸豐、同治年間，兩所書院均遭兵毀。後來籌工局撥款重修古紫陽書院，並改為校士館。

　　漁梁壩是歙縣古代較大的水利工程，可沿練江入新安江直達杭州，是歙縣古代唯一的水運之道。據考證，早在唐宋年代，人們就曾在此壘石為壩，現在的古壩為明代重建，有公元一六〇五年修壩記事碑可考。

　　練江上有萬年、太平和紫陽三座明代石橋。萬年橋建於公元一五七三年，是縣城通往北鄉及黃山、太平的樞紐，橋東端原建有石坊，額題「北鑰雲龍」、「道岸津梁」，今不存，橋名萬年，表永固萬年之願。

　　太平橋又名河西橋，建於公元一四八八年至一五〇五年間，是徽州各縣抵府的樞紐，享有「千里江南第一橋」之美譽。

■歙縣太平橋風光

　　紫陽橋位於城東南漁梁壩下，初名壽民橋，因西臨紫陽山而得名，建於明萬曆年間，是縣內古橋最寬最高的橋。

　　長慶寺塔位於黃山市歙縣城西練江南岸的西于山。這裡原有十座寺廟，其中長慶寺旁有一塔，這就是長慶寺塔，又稱十寺塔。該塔於一一一九年由歙縣黃備人張應周捐善修建，距今已有近千年歷史。

　　長慶寺塔為原西干山十寺三十四別院唯一存留的建築，經過幾個朝代的修繕，至今仍保持宋代特徵。

　　棠樾牌坊群在歙縣棠樾村頭，坐落著七座氣勢恢弘的古牌坊。這些牌坊按照「忠孝節義」的順序排列。

　　在封建社會裡，為了表彰在「忠孝節義」等各方面「功勳顯赫」的官員，為朝廷興旺做出的「傑出貢獻」，當朝政府常常批准在這些人的故里村頭，

修建「功德牌坊」，藉以號召人們以此為榜樣報效朝廷。棠樾牌坊群明坊三座，清坊四座。

【閱讀連結】

許國石坊又名八腳牌樓。關於八腳牌樓還有一段饒有興味的傳說。據說，普通臣民只能建四腳牌樓，否則犯上。當時許國是地方的驕傲，如果只造四腳牌坊，無法體現官重威顯。

許國便想出一個辦法，前後共拖了七八個月才回朝覆命。皇上見許國久跪不出聲，便責問道：「朕准卿四月之假回鄉造坊，為何延為八月？建坊這麼久，別說是四腳，就是八腳也造好了」。

許國聞聽皇上的話，頓時奏稱：「謝皇上恩准，臣建的正是八腳牌樓。」皇帝聽後簡直哭笑不得。就這樣，許國所建的石坊也就「合法化」了。

身兼三城　商丘古城

　　商丘古城，又稱歸德府城，是中國原河南省商丘縣城。此古城始建於明正德六年，距今已有近五百年的歷史。

　　古城由磚城、城湖、城郭三部分構成，城牆、城郭、城湖三位一體、外圓內方，成一巨大的古錢幣造型，建築十分獨特。

　　商丘古城是目前世界上現存的唯一集八卦城、水中城、城上城「三城合一」的大型古城遺址。

黃帝後裔始建華商之都

　　在中國的華夏大地上，放著世界上最大的一枚貨幣，那就是商丘古城。從三千公尺高空鳥瞰商丘古城，它就像一個外圓內方的中國古銅幣。這裡是中國夏、商兩朝最早建都的城市，也是中華民族的發祥地之一。

■ 晚霞中的商丘城

　　話說，在很早以前，商丘一帶是一片山林。在山林中居住著一群原始人，他們習慣吃生食，喝生血。但是，生食腥臊惡臭，傷害腸胃，容易讓人生病。

後來，人們發現火烤熟的食品味美且易消化。但因雷擊等產生的自然火很少，而且在短時間內也容易熄滅，人們很難保留火種。

當時，有一位聖人從鳥啄燧木出現火花而受到啟示，就折下燧木枝，鑽木取火。他把這種方法教給了人們，人類從此學會了人工取火，用火烤製食物、照明、取暖、冶煉等。

■燧人氏塑像

從此，人類的生活進入了一個新的階段。後來，人們為了感謝這位聖人，便稱他為燧人氏，並奉他為「三皇之首」。三皇是指中國創世神話中的「三皇」，距盤古開天闢地五十五萬年後陸續出現的三位偉大的神祇，稱為天皇、

地皇和人皇。「皇」的原意就是神祇，但神性略次於盤古和玉皇大帝。三皇稱謂僅是一種傳說，都是遠古時期為人類做過特別重大貢獻的部落群體和首領。

　　燧人氏去世後，人們為了紀念他，便在商丘為他修建了一座高大的陵墓，這就是位於後來的商丘古城西南的火祖燧人氏墓地。

　　商丘地帶的原始人學會用火之後，又過了很多年，遠古時期部落聯盟首領黃帝的孫子高陽氏即顓頊帝，他從黃帝的登基之地窮桑來到商丘，建立帝都。後來，黃帝的曾孫姬夋輔佐顓頊有功，也建都於亳，也就是後來的商丘高辛集，號高辛氏，史稱帝嚳。

■ 商丘古城城牆

　　據《左傳》記載，高辛氏有兩個兒子，大兒子叫契，人稱閼伯；二兒子叫實沈。二人不和，經常鬧事。高辛氏便把契封到商丘做火正。

　　火正是掌火官，就是管理火種，以便人們可以隨時取到火；並且要觀察火星的運行，以便及時地告知人們防災避禍並適時地播種收割。後來，觀察火星與太歲之間的關係、位置的火正契就被人們稱之為「閼伯」。

《左傳‧昭公之年》載：「遷閼伯於商丘，主辰，商人是因。」這就是說，閼伯是商人的祖先，他遷居之地正是商丘古城的起源。閼伯死後，人們就在他生前觀察火星的高地上葬之，後人稱之為閼伯台或火星台或火神台。

現存的閼伯台如墓狀，夯土築成，位於商丘古城西南，距今已有四千餘年的歷史。閼伯台下的土丘便是閼伯始封之商丘。商丘地名也由此而來。

不過，雖然最早的商丘城是閼伯和他的祖輩們興建起來的，但真正把此地帶上富強之路的還是閼伯的六世孫王亥。

當時，隨著農牧業的迅速發展，使商部落很快強大起來，他們生產的東西有了剩餘，於是王亥便在商丘服牛馴馬發展生產，用牛車拉著貨物，到其他部落去搞交易，開創了華夏商業貿易的先河。

由於王亥是中國歷史上最早的商人，因此被尊為商人始祖。後來，人們為了紀念這位華商始祖，便在位於商丘古城西南處修建了一座商祖祠。

商祖祠的第一道門是「商祖門」，又名「三商之門」。它是由三個變形「商」字甲骨文組成，大門上面有三隻玄鳥在展翅騰飛，形象地展示了商族部落誕生的傳說。

商祖門後面的富商大道，整條大道透過石刻的藝術形式，對中國各個朝代的主要錢幣進行了展示。

萬商廣場後是為紀念王亥而建的商祖殿，又名王亥殿。仿漢建築。是公元前一八五四年至公元前一八〇三年的人們紀念王亥之地。

商祖殿的西配大殿名「財神殿」，主祀文財神比干；東配殿名「關帝殿」，主祀武財神關羽。兩殿均為仿漢建築。商祖殿後面的建築為花戲樓，始建於明嘉靖年間，現存戲樓為後來重修。

【閱讀連結】

由人們對祖先閼伯的祭祀演變而成的盛大廟會，又稱火神台廟會，這是商丘最為古老和盛大的廟會，簡稱「台會」，老百姓又稱其為「朝台」。

　　隨著時間的推移，從廟會形成起，朝台的人越來越多，至唐代已發展成相當隆重的廟會。據考證，火神台廟會至清朝乾隆年間最為盛大。

　　朝台本來從正月初四開始，香客為表達對火神的虔誠與敬意，從頭年臘月便往這兒趕，春節未到，火神台附近的村莊住滿外地香客。認為朝拜後，火神會在一年裡保佑全家平安。

▌六朝古都演繹的輝煌歷史

　　■大禹治水塑像

　　四五千年前的原始社會末期，中原地區分布著許多氏族部落。商丘的祖先契是和夏禹同時代的部落首領。

夏禹就是中國遠古時代，夏朝的第一位天子。他是中國傳說中與堯、舜齊名的賢聖帝王，他最卓著的功績，就是歷來被傳頌的治理滔天洪水，又劃定中國國土為九州。後人稱他為大禹。

大禹建立夏朝後，他的後人少康又在商丘建立了都城，這就是歷史上著名的「少康中興」，商丘為此成為了中興之都。

契的十三世孫成湯當部落首領時，乘夏朝太康失位，把勢力伸展到黃河下游的一些地區，商很快成為一個興旺的小國。

這時，夏朝階級矛盾十分尖銳，而商的農業、手工業及商業都比夏進步。商的首領成湯任用奴隸伊尹做右相，任用車官奚仲的後代仲虺做左相，戰勝夏桀，滅了夏朝。

■商丘古城出土的青銅牛

成湯回到老家南亳，也就是後來的商丘古城，建立帝都，定國號為商。於是，商丘城成為了商朝的開國之都。

公元前十一世紀，周成王三年，周公平定武庚叛亂後，成王封殷商後裔微子啟於商丘，稱宋國，商丘為宋國國都。西漢商丘為漢代最強盛的諸侯國梁國的國都。北宋時期，商丘為北宋陪都，公元一一二七年，趙構在南京應天府，也就是後來的商丘即位，於是，商丘古城又成為了南宋的開國都城。

從帝嚳高辛氏定都商丘，到成為夏朝中興之都、商朝的開國之都、周朝宋國之都、漢朝梁國之都、南宋開國之都，商丘古城成為中國古代的六朝古都，其建都時間最早，跨度最長，前後共歷一千五百多年。

■商丘古城一角

悠久的歷史、燦爛的文化給商丘留下眾多的人文景觀。現存的商丘古城為公元一五一一年所建，距今已有五百多年的歷史，是中國保存最為完好的古城。

在古城之下，同時疊壓著春秋時期的宋國都城、秦漢和隋唐時期的睢陽城、宋代應天府南京城等六座都城、古城。

睢陽城位於商丘市中心南部，因地處古睢水之北，而得名。睢陽是中華民族的重要發祥地、著名古都，商人、商品、商業皆發源於此地。商朝、春秋宋國、西漢梁國和南宋均曾在睢陽建都，古稱亳、宋國、梁國等。

有商丘作為華夏之邦商業、商品、商文化發源地之隱喻，是目前世界上現存的唯一集八卦城、水中城、城上城的大型古城遺址。

現存的商丘古城自明代建成後，城內街道胡同等格局基本沒變，仍然保持著當時的棋盤羅布、奇門八卦的原貌。

城內地勢呈龜背形狀，共九十三條街道，在古代八卦學說中，九是最大的數字，而三是萬物的源泉，所謂一生二，二生三，三生萬物，所以九十三是一個吉利數字。

這九十三條街，把全城分割成兩百公尺見方的許多小塊，格局如同棋盤。俯瞰全城，如棋盤狀。建築多為走馬門樓和四合院建築群。

根據五行相剋相生的理論，為防金木相剋，東西兩門相錯。東門偏南，西門偏北，錯開一條街，出現了與南北軸線分別相交的兩個隅首。

五行是中國古代的一種物質觀。多用於哲學、中醫學和占卜方面。五行指：金、木、水、火、土。認為大自然由五種要素所構成，隨著這五個要素的盛衰，使大自然產生變化，不但影響到人的命運，同時也使宇宙萬物循環不已。

古城南為拱陽門，拱券式建築，北為拱辰門，東為賓陽門，西為垤澤門。門上原皆有城門樓，後毀於戰火。現北城門樓與南城門樓均已修復。

北門城樓為歸德知府於公元一五五五年所建，為重簷歇山式建築。雄偉壯觀，古城樓飛簷挑角，琉璃覆頂，古典彩繪，輝煌燦爛。城樓為上下兩層，下層有唐六忠烈大型塑像展覽和古代十八般兵器展覽。

四門之外原有甕城，每甕城各一座扭頭門，後被拆除。城牆四面有敵台，形制大小不一，西門向南的第一個敵台呈半圓形建築，其餘皆呈凸出牆外馬頭形。城牆角各有一處角台，形制相同，大小不等。城牆上有城堆口。

■商丘古城外的石獅子

　　城牆外為護城河，繞城一周。護城河外的護城土堤，是公元一五四〇年築成。

　　在古城北門內附近，劉隅首東一街，有侯方域故居，又名壯悔堂，是侯方域的書房。侯方域是明末清初著名文人，字朝宗。少年即有才名，參加復社，與東南名士交遊。侯方域擅長散文，以寫作古文雄視當世，與方以智、冒襄、陳貞慧合稱「明末四公子」，與魏禧、汪琬合稱「清初三大家」。著作有《壯悔堂文集》十卷，《四憶堂詩集》六卷。

　　現存的壯悔堂是一座明三暗五、上下兩層前出後包坐北朝南的樓房，正面向南的地方是一座五間的過廳，東側是三間兩層的雪苑社，兩座樓房東西對峙，與壯悔堂、過廳形成一組四合院，是一座明末清初典型的建築。

■商丘古城城防

　　穆氏四合院坐落在古城內中山東二街的睢陽賓館院內，是它是商丘古城保存比較完整、最具有代表性的四合院建築群之一。

　　穆氏四合院東側是河南省現存規模最大的廟宇文廟。據史料記載，文廟始建於公元一五五五年至公元一五五九年，距今已有近五百多年的歷史。孔子周遊列國時，曾在此講學，後人為紀念孔子，就在此修建了文廟。

■商丘古城內的應天書院

文廟大殿氣勢雄偉壯觀，結構精巧，脊中立寶瓶，鴟獸龍雕左右相對視，飛簷斗栱，畫磚雕繪非常精美。

位於商丘古城之東，原址在縣城南門外東側處，是著名的應天書院，它與江西廬山白鹿洞書院，湖南長沙岳麓書院，河南登封嵩陽書院並稱北宋四大書院，也是中國唯一坐落於鬧市區的書院。

應天書院經歷了從私學到官學，從書院到府學，最後成為國子監的長期發展過程。范仲淹、晏殊等人對應天書院的發展做出了不可磨滅的貢獻。當時的書院已無處可尋，目前已在考證的原址上仿製重建。

晏殊是北宋前期婉約派詞人，字同叔，著名詞人、詩人、散文家。他性剛簡，自奉清儉。能薦拔人才，如范仲淹、歐陽修均出自他的門下。他是當時的撫州籍第一個宰相。晏殊與其第七子晏幾道，在當時北宋詞壇上，被稱為「大晏」和「小晏」。

坐落在商丘古城南門外的張巡祠，是為紀念「安史之亂」中為保衛睢陽而殉難的張巡、許遠等人所建。新中國成立後該祠重建。

此外，在商丘古城城郭東南角內側，還有一著名建築文雅台。西漢初年，梁孝王劉武做梁國國君時，在孔子習禮處蓋起了亭台樓閣，常與司馬相如、枚乘、鄒陽等文人雅士在此吟詩作賦，頗有文雅之風，於是建了文雅台。

現在的文雅台內，有院牆一周、過廳三間，大殿三間，重簷六角亭一座，亭內有唐著名畫家吳道子所繪孔子石刻畫像，亭四周有歷代名人碑刻四十餘塊。

院內有圓形代檀池，植有荷蓮。文雅台一周碧水環繞，環境清幽，風景宜人，原為商丘七台八景之一，吸引不少海內外遊子來此觀光旅遊。

總之，商丘古城格局是古代城池的典範之作，不僅在中國，就是在世界上其他國家現存的古城池中也是絕無僅有的，這也是商丘古城目前最有價值的部分之一。

【閱讀連結】

商丘古城內應天書院的前身是後晉時楊愨所辦的私學，後經其學生戚同文的努力，得以發展，學子們「不遠千里」而至，「遠近學者皆歸之」。北宋政權開科取士，應天書院人才輩出，百餘名學子在科舉中及第的竟多達五六十人。

　　宋真宗時，因追念太祖自立為帝，應天順時，將宋太祖趙匡胤發跡之處宋州，也就是後來的商丘，於公元一○○六年改為應天府，一○一四年又升為南京，處陪都地位。

　　公元一○○九年，曹誠願以學舍入官，並請戚舜賓主持。應天府知府把請求上報宋真宗並獲批准，使端明殿學士盛度著文評記其事，前參政事陳堯佐題寫匾額，正式賜額為「應天府書院」。

腹地名城　襄陽古城

　　襄陽古城地處漢江南岸，與北岸的樊城隔江相望，是襄陽市委市政府機關所在地。它三面環水，一面靠山，不僅是歷代區域性政治、經濟、文化的中心，更是一座古今聞名的軍事重鎮。因城牆堅固，城高池深，易守難攻，素有「鐵打的襄陽」之稱。

　　城牆始築於漢代，時興時廢，保留至今的是明洪武年間重築的新城。古樸典雅的城地，與最近修復的仲宣樓昭明台等歷史名勝融為一體，交相輝映，成為中國歷史文化名城之一。

▌見證眾多歷史戰爭的古城

　　提起襄陽，人們最先想到的是《三國演義》中魏、蜀、吳在其所在地荊州所上演的一齣齣好戲，《三國演義》一百二十回的故事中，有三十二回的故事都發生在這裡。

■ 襄陽古城建築及古城牆

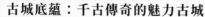

　　中國古代的襄陽城主要由襄陽城和樊城組成，襄陽城因地處襄水之陽，因而得名為「襄陽」，其早在先秦時期就已經初見規模，距今已有兩千多年的歷史。樊城則因周宣王時樊侯仲山甫封地於此而得名。

　　襄陽位居中國腹地，扼守漢水中游，西接川陝、東臨江漢、南抵湘粵、北至宛洛，交通十分便利，策略地位突出，因此成為歷朝歷代兵家必爭之地，也幾次成為中國歷史進程的見證者。

■隆中對古遺址

公元二二〇七年，寄居於荊州新野的劉備來到襄陽城西的隆中，拜會了「臥龍」諸葛亮，請他出山輔佐自己，這就是歷史上有名的「三顧茅廬」。

諸葛亮在隆中對當時的天下形勢進行了深入的分析，並且為劉備構思了「先據荊州、後進巴蜀、再圖中原、興復漢室」的策略，史稱「隆中對」。

由此，諸葛亮這位一代名相便活躍於三國這座歷史舞台上，而其偉大的策略構想的形成，可以說與其隱居襄陽的經歷有著密不可分的關係。

這座見證了中國眾多歷史的城池，到底是何年所建？幾經維修呢？據東晉著名史學家習鑿齒的《襄陽記》中記載：城本楚之下邑。

習鑿齒是東晉著名文學家，史學家，字彥威。世代為荊楚豪族，東漢襄陽侯習郁之後人。主要著作有《漢晉春秋》、《襄陽耆舊記》、《逸人高士傳》、《習鑿齒集》等。

■襄陽古城牆上的亭子及塑像

這就是說在春秋戰國時，這裡還只是楚國的一個小村莊，並沒有修建城池。後來的史志記載，襄陽建城應始建於漢，後歷經維修、擴建。

楚國是中國歷史上春秋戰國時期南方的一個諸侯國，楚人是華夏族南遷的一支，最早興起於漢江流域的丹水和淅水交匯的淅川一帶，國君是熊氏。公元前二二三年被秦國所滅。至楚國滅亡後幾百年間，楚國這個稱謂被多個政權與藩王沿襲保存了下來。五代十國時期的楚國史稱南楚或馬楚。

現存的襄陽古城地處漢江南岸，與北岸的樊城隔江相望。它東、西、北三面環水，南面傍山，形勢險要，自古易守難攻。

襄陽古城略呈方形，牆體土夯築，外砌城磚。城牆高大，氣勢雄偉，堪稱襄陽勝景。

襄陽城垣不僅以它的高大著稱，而且四面建有六座城門，每座城門外又建有甕城，襄陽人俗稱月城，城門上又建有城樓，使古城垣更顯雄偉。

由於歷代兵燹，城門與城樓屢壞屢修。據志書記載，明成化間都督王信重建南門城樓。弘始中，副史毛憲重建東、西門與大、小北門及東長門諸城樓及各面角樓。

公元一五七六年，知府萬振孫首次為六門題別稱，他題東門為「陽春」，南門為「文昌」，西門為「西成」，大北門為「拱宸」，小北門為「臨漢」，東長門為「震華」。

公元一六四一年，城樓被毀。其後御史袁繼咸親督標兵修復城堆如舊。都御史王永祚隨之重建六門城樓。公元一六四八年，都御史趙兆麟檄副史蘇宗貴重修西門城樓，知府冀如錫重建南門城樓，同知徐騰茂、張仲重建大北門、小北門城樓。

知縣董上治接著重建東門城樓後，又為各城門再題別稱，題東門為「保厘東郊」，南門五「化行南國」，西門為「西土好音」，北門為「北門鎖鑰」。公元一八二六年，知府周凱重修六門城樓。

■襄陽的夫人城

■襄陽城內的建築

公元一九三三年，大北門城樓被颶風摧毀。公元一九三九年，日本侵略者對襄陽二城狂轟濫炸，為便於群眾疏散，將西門南側和南門西側的城牆連同西門、南門月城及城樓拆除。後長門城樓坍塌。目前襄陽城獨存小北門城樓。新中國成立後經多次維修，煥然一新、巍峨屹立。

　　此外，城垣上還有三座古雅、莊嚴的城樓，三樓是：仲宣樓，又名王粲樓。在東南城角上。雍正年間副史趙宏恩重建。公元一七六〇年署知府胡翼重修。

　　仲宣即王粲，東漢末文學家，為「建安七子」之一，十七歲時，詔任黃門侍郎，辭不就，避難於荊州，依從劉表，在襄陽時常同劉表登樓作賦，後人以其名命樓名。王粲（公元一七七年至二一七年），字仲宣，東漢末年著名文學家，「建安七子」之一，由於其文才出眾，被稱為「七子之冠冕」。他以詩賦見長，《初征》《登樓賦》、《槐賦》、《七哀詩》等是他代表作。王粲還撰有史書《漢末英雄記》。明代人輯錄其作品，編就《王侍中文集》流傳後世。

　　魁星樓也處在東南角城上，仲宣樓西側，即狀元峰，南距文昌宮不遠。由清順治年間知府杜養性所建，雍正年間知府尹會一重修，乾隆年間再修。樓高三層，六角形，碧綠琉璃瓦面。

　　獅子樓在西南城角上。明洪武初建，繪獅子於樓內壁上，以示鎮城，西南望虎頭諸山，後改建三隻石獅，各高丈許。公元一六四一年，都御史王永祚重建襄陽城六門時，也將獅子樓修葺。

　　襄陽城垣以它歷史悠久，城高池深而著稱，並以它堅固而聞名。在歷史上，它不僅是防禦的有效堡壘，而且又多次力敵洪水的侵襲。人們記憶最深的莫過於公元一九三五年的一次洪水，當時沿漢水兩岸的城鎮、村莊，均被淹沒，唯獨襄陽城內未進水，這全靠襄陽城防水性能良好的緣故。

　　人們常讚美襄陽城固若金湯，易守難攻。除了城南環山這天然的屏障外，護城河也為襄陽造成銅牆鐵壁的作用。襄陽護城河比起中國北京、開封、洛陽等城的護城河都要寬，可以說，襄陽護城河是全中國最寬護城河，有「華夏第一城池」之稱。

【閱讀連結】

在襄陽城西北角，有一段為了紀念韓夫人而築建的夫人城，它來源於這樣一個故事：公元三七八年，前秦王苻堅為滅東晉獨霸中原，命長子苻丕率領十幾萬大軍，分四路圍攻襄陽。

襄陽守將朱序認為，襄陽城易守難攻，前秦軍隊不善水戰，不可能從漢水北岸的樊城渡江攻取襄陽，並不在意。朱序的母親韓夫人，見兒子忙於全面防務，便親自登城巡視，察看地形。她看出城西北角地形險要，必先受敵，便帶領家婢和城中婦女，夜以繼日築起一座高六公尺米、長六十公尺的內城。

果不其然，苻丕率兵直撲襄陽城西北角，韓夫人新建的內城成為東晉軍堅守的屏障，最終保住了襄陽城。後人為紀念韓夫人，將新修的這段城牆尊稱為夫人城。

滄桑古城留下的文物古蹟

襄陽古城是一座歷史厚重的城，自東周至新中國成立前，上下三千多年，襄陽一直是群雄角逐的重要戰場，戰爭的硝煙不斷瀰漫在它的上空。

如今，古城內還尚存許多著名的文物古蹟，這些古蹟主要有新城灣、昭明台、王府綠照壁等，它們的存在為中國的歷史研究提供了重要的實物資料。

其中，新城灣位於襄陽城東北角。明以前，襄陽城為一正方形城池，但東北角偏離漢水，對設防不利。為了加強襄陽城東北的防禦及控制水上通道，明朝在公元一三八二年加修此段城牆，所擴圈進來的部分稱為新城灣。

■蕭統（公元五〇一年至五三一年），字德施，小字維摩，南朝梁代文學家，南蘭陵即江蘇省常州人，梁武帝蕭衍長子。蕭統英年早逝，死後謚號「昭明」，故後世又稱「昭明太子」。主持編撰的《文選》又稱《昭明文選》。

■襄陽城內的水鏡莊牌坊

在新城灣的東北是有名的長門，是古渡閘口之進出襄陽之門戶。今漢江大橋東還保留著二道門洞。

昭明台位於襄陽古城正中。為紀念南朝梁昭明太子蕭統而建。昭明台為襄樊標誌性建築。昭明台原名「文選樓」，唐代改稱「山南東道樓」，舊有唐代書法家李陽冰篆書「山南東道」四字石刻。

李陽冰是唐代文學家、書法家。字少溫。李陽冰五世祖李善權為後魏譙郡太守，將家徙至譙郡，即安徽省亳州。於是，在安徽亳州一帶有了趙郡李氏的後裔。寶應元年，為當塗令，白往依之，曾為白序其詩集。歷集賢院學士，晚為少監，人稱李監。

明代更名「鐘鼓樓」，嘉靖時稱鎮南樓。清順治重建後定名昭明台。建築面南，青磚築台，中有條石拱砌券洞。台上建三簷二層歇山頂樓房東西各建橫房，台南有鼓樓、鐘樓各一。昭明台雄踞城中，巍峨壯觀，古譽為「城中第一勝蹟」。

抗日戰爭期間，襄陽淪陷，樓毀台存。建國後，又在原址得以重建。重建的昭明台是用現代建築材料建造的，台基上按魏晉風格建三層樓閣，集購物，遊覽，文化娛樂於一體。

明藩王府位於襄陽城東南隅，運動路南側，為正統元年襄憲王朱瞻墭自長沙徙襄時所建，據今五百多年。在此王府的門前，有一著名的照壁，名為綠照壁。公元一六四一年王府被毀，僅存此綠石照壁。

綠照壁由底座、壁身和頂蓋三部分組成，壁身分為三堵，面北而立，底座為須彌座，滿雕遊龍，頂為廡殿式，飛簷脊吻，瓦面皆用石塊雕成。壁身為大塊綠色砂岩，深雕奔龍雲水拼裝而成。中堵為二巨龍戲珠於雲水間。東西兩堵各浮雕一出水蛟龍，向中間飛騰，似有奪珠之勢。

壁身用雕龍漢白玉條石嵌邊，綠白相映、鮮明醒目。壁兩側浮雕海中瓊島仙山，全壁渾然一體。綠照壁設計之妙，雕刻之精，嵌鑲之巧，堪稱中國古代建築和雕刻藝術之珍品。

除了以上古蹟之外，在襄陽古城內，還有目前中國歷史名城中規模最大的一條仿古街襄陽北街，街道內主要建築物包括古城門樓、仿古建築群、牌坊等。

這些建築物與古襄陽城牆有機地融合為一體，形成了既有傳統風貌，又不失現代氣息街區文化。

【閱讀連結】

據新城灣近年出土的文物證明，襄陽城的新城灣因靠近漢江碼頭，運輸方便，土地開闊，這裡是明代的冶煉作坊區。

公元一九三五年築堤時挖出原料銀錠五百多斤。新中國成立後也出土了銀錠、銀製品，還有官府銅印等。

據說，在明清時，新城灣附近還有很多寺廟和書院。如白衣庵、淨心庵、斗姥殿、千佛寺、鹿門書院等。

方形衛城　興城古城

　　興城古城位於遼寧省興城市區，是中國現存最完整的四座明代古城之一，也是唯一的方形衛城。

　　古城始建於公元一四三〇年，當時稱寧遠衛城，清朝時改稱寧遠州城。公元一六二三年，駐守此地的寧前道兵備副使袁崇煥主持重修。古城也逐漸發展為明朝末年關外第一軍事重鎮。

　　作為山海關外明朝的重要衛城，古城經歷了五百八十多年的風雨侵蝕和戰爭洗禮。公元一九八八年，古城被中國列入國家重點風景區。

▌明朝為防禦女真襲擾建城

■興城古城門

興城古城是一座明代的古城，興城之名源於遼代，公元九九〇年，遷興州民至桃花島築城設縣，稱興城。公元一四二八年，駐守在這裡的總兵巫凱，都御史包懷德為了防禦女真族對明軍的襲擾，呈請曹莊驛監督造了這座城池，並取名為寧遠衛城。

這寧遠城是明朝末年山海關外的防禦重鎮，隨著這座城池的修建，這個地方在軍事上的意義也就顯得愈發重要。

公元一六一八年，居住在中國東北地區的女真族領袖努爾哈赤乘明王朝腐敗而又搖搖欲墜之機，突然向明王朝正式宣戰。

女真族，又名女貞、女直，是中國古代生活於東北地區的古老民族，現今滿族、赫哲族、鄂倫春族等的前身。六至七世紀稱「黑水靺鞨」，九世紀起始更名女真。十二世紀前期完顏阿骨打建立了金朝，統治中國北方地區一百多年之久。

公元一六一八年至一六二一年，努爾哈赤帶領的女真族部隊旗開得勝，他們先後占領了瀋陽和遼陽等城池，這讓明廷震撼不已。

■明清時的古炮

為保衛明朝京都不被努爾哈赤攻下，袁崇煥毛遂自薦，輔兵部尚書孫承宗駐守寧遠。袁崇煥提出若保關內，必守關外；若保關外，必守寧遠的積極方略。他抓緊修築城池，將寧遠建成屏障山海關的軍事重鎮。

清朝建立後，撤衛建州，寧遠衛城也改稱寧遠州城，寧遠州管轄山海關以東至錦州以西的廣闊區域。

公元一九一四年，恢復使用遼代的興城縣縣名，寧遠城也就隨之稱為興城古城。

現存的興城古城位於遼寧省興城市。興城市歸屬於葫蘆島市管轄，於葫蘆島市西南部，在遼東灣西岸，居遼西走廊中段。東南瀕臨渤海，西南依六股河與綏中縣相鄰，西北與建昌縣接壤。

■興城古城城牆上的古炮

興城古城是中國目前保存最完整的四座明代古城之一，是唯一的方形衛城，城牆設有東南西北四門，城中心設有鐘鼓樓，城門外築有半圓形圍城叫做甕城。這裡取的是甕中捉鱉之意，它的功能是保護城門。城牆四角仍築有炮台，用來架設紅夷大砲。

鐘鼓樓在中國古代主要是用於報時的建築，為鐘樓和鼓樓的合稱。鐘鼓樓有兩種，一種建於宮廷內，一種建於城市中心地帶，多為兩層建築。宮廷中的鐘鼓樓始於隋代，止於明代。它除報時外，還作為朝會時節制禮儀之用。

古城平面呈正方形，牆體為外條磚內毛石，外設堆口，內設女牆，中填夯土。牆頂設海墁磚一層水口。城牆四角設炮台，東南角炮台上為清代增建的魁星樓。

　　城牆四面正中各設城門，城門上皆築箭樓，為兩層樓閣。城牆四角設台，突出於城角。

　　四道城門，東為春和，南為延輝，西為永寧，北為威遠。四門均建城樓，重簷歇山頂，面寬三間，進深一間。城門外有半圓形甕城，內、外均以條磚築成，城門內左側設馬道。

　　古城內的四條大街，是古城的主幹道，因循四座城門而得名，分別稱為春和街、延輝街、永寧街和威遠街，城中百姓根據方位分別稱為東街、南街、西街和北街。

　　街道兩旁分布著許多老字號店鋪，其中以南街最為集中，因此有「明代一條街」的美譽。四條大街呈十字形規則分布，因此又統稱為十字大街。城內街坊布局，基本上仍保持著清末的體制。

　　十字大街的交叉點坐落著一座始建於公元一四五四年鐘鼓樓，現存的為公元一七七七年至一七七九年重建的格局。鐘鼓樓是為戰時擊鼓進軍、平時報曉更辰所用。

　　鐘鼓樓分為三層。基座平面為正方形，高如城牆，下砌通向四條大街的十字券洞，全部大青磚砌成，分東、西、南、北各築拱形通道。

■興城古城城樓遺址

　　上為兩層樓閣，內部闢為興城出土文物陳列館。展出五六千年前的「紅山文化」時期，以及春秋戰國時期的骨針、陶器、刀幣等珍貴出土文物。還架設一面巨型牛皮大鼓。大鼓由整張牛皮繃製，實為罕見。

　　紅山文化是距今五六千年間一個在燕山以北、大凌河與西遼河上游流域活動的部落集團創造的農業文化。紅山文化有近千處遺址，其中著名的有遼寧喀左東山嘴和建平牛河梁遺址群。

　　鼓樓的三層為民族英雄袁崇煥將軍蠟像館。此蠟像經過能工巧匠的精雕細刻，使人物表情豐富細膩、栩栩如生，似乎正在向人們宣布「我與此城共存亡」的決心。

　　蠟像是一門被稱為「立體攝影」的超級寫實主義雕塑藝術。蠟像藝術比一般雕塑更接近人物原形，它所塑造的人物往往栩栩如生，具有很強的觀賞性，更有還原歷史人物的獨特功能。

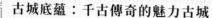

■袁崇煥雕像

遠望去顏色近似虎皮，所以又被稱為「虎皮毛石牆」。

興城古城牆是中國古代城市規劃的典範。從建築科學上講，興城城牆的選址得體，恰好處在山水圍河的平原地帶，十分有利於形成良好的生態環境和局部小氣候。

背山可以抵擋冬天北來的寒流，抱陽可以得到良好的日照，近水可以保障生活及灌溉供水，還可以防止風沙侵襲，是對城內居民十分有利。

中國古代的傳統哲學思想在興城城牆的規劃和建築中，體現得淋漓盡致：興城城牆建成正方形，是取傳統宇宙觀的「天圓地方」，予以大地沉穩、永無銷毀之意；興城城牆的周長及城門數、街路數均為偶數，體現了古代哲學中數的思辨。

經過歷代對古城的整修，興城古城牆保存較好。既是歷史名城，又是無數遊人嚮往之地。

周圍廊式，歇山捲棚、飛簷凌空、朱廊畫棟，西北開涵洞小門，有石階可上下。當登上鼓樓，古城風光盡收眼底，令人心曠神怡。

另外，興城城牆的內壁也是很有特色的。為了使城牆堅固，形成強大的支撐力，避免內心的夯土鬆動，城牆在建築之初就用不規則城石砌築內壁，然後將壁面鑿平，所以稱為「毛石牆」；由於石料大多是就地取材，

【閱讀連結】

興城首山腳下的茶棚庵原名叫永寧寺，後來有兩尼姑在此修行，改名為庵。

相傳這兩個尼姑樂善好施，為解除來往行人的乾渴疲勞，用首山清泉腎金菜做茶水，供人們飲用，一年到頭從不間斷。隨著四面八方的來客過往，她們的名聲也流傳千里。

一天，倆尼姑聽說乾隆皇帝東巡要路過此地，便擺下了香案跪在地上接駕。傳信官把此事告訴了乾隆，乾隆起身下了龍輦，來到倆尼姑跟前說：「下跪何人？」

倆尼姑回稟：「聞皇上東巡路經此地，貧尼特備香案，跪接龍駕，請進庵一飲，此茶祛風祛濕，開脾利腎，皇上飲後可消除勞頓。」

乾隆就來到庵內，飲過了尼姑獻上的茶，疲勞頓消，神清志爽，抬頭望去，首山風光盡收眼底。於是，乾隆即興揮毫題寫：「首山勝境」四字，並封此庵為茶棚庵。

興城古城內現存名勝古蹟

興城古城始建於公元一四二八年，為寧遠衛城，清代重修，改稱寧遠州城。它與西安古城、荊州古城和山西平遙古城同被列為中國迄今保留完整的四座古代城池。

經歷了五百七十多年的風雨侵蝕和戰爭摧殘，古城外城現已蕩然無存，內城經歷代維修，基本保留了原貌，城內的主要建築有魁星樓、祖氏牌坊、周家住宅、文廟、郜家住宅和薊遼督師府等。

其中，古城東南角是一座魁星樓。古城的魁星樓因其地理位置而被譽為「關外第一魁星樓」。

此樓共有兩層，八面八角，建築精良，內有魁星像一尊，頭部像鬼，青臉紅髮，一腳向後翹起，一手捧斗，一手執筆，猶如用筆點中應試人的姓名，就是古書中說的「魁星點狀」。

■興城薊遼督師府

魁星樓始建年代無考證，後來經公元一七八二年、公元一八一八年兩次維修。公元一八四七年發生一場大火，魁星樓「無寸椽片瓦存，碑證已遭燒毀」。經寧遠知州強上林進行維修，重修時「廢者舉之，缺者完之，傾者植之，卑鄙者宏壯之」。後來此樓歷經六次修葺，存留至今。

知州是中國古代官名。宋以朝臣充任各州長官，稱「權知某軍州事」，簡稱知州。「權知」意為暫時主管，「軍」指該地廂軍，「州」指民政。明、清以知州為正式官名，為各州行政長官，直隸州知州地位與知府平行，散州知州地位相當於知縣。

在古城內，最為著名的是延輝街，也稱南街，街道兩側是以經營商業為主的舊式建築，建築不高，多為一二層。延輝街中央矗立著兩座由明思宗朱由檢為遼西守將祖大壽和祖大樂立的石牌坊。

這兩座石牌坊，南為明前鋒總兵祖大壽「忠貞膽智」坊，建於公元一六三一年。因有倒塌危險拆除，現存牌坊為後來重修。北為明援剿總兵祖大樂「登壇駿烈」坊，建於公元一六三八年。兩坊均為四柱三間五樓式，單簷廡殿頂，柱高樓小，雕飾細膩。

石坊宏偉壯觀，雕刻工藝精美、手法細膩逼真。

雖已經受三百多年風雨剝蝕，但仍保存完整，這對於研究明清以來勞動人民創造的石刻藝術和研究明清歷史提供了珍貴的實物資料。

　　兩座石坊一是祖大壽石坊，一是祖大樂石坊。祖氏均為興城人，祖大壽為大樂堂兄。祖大壽石坊正面刻有兩塊橫匾。上為「忠貞膽智」；下為「四世元戎少傅」；背面橫書：「廓清之烈」。最上層殿頂下方立匾上刻「王音」兩字。

　　祖大樂石坊正面橫匾額：登壇駿烈，楹聯為：

　　桓糾興歌國依干城之重；

　　絲綸錫寵朝隆銘鼎之褒。

　　背面橫匾為：元勛初錫，楹聯為：

　　松檟如新慶善培於四海；

　　琳瑯有赫賁永譽於千秋。

■興城牌樓遺址

　　這些刻字全部為陽文。楹聯與牌匾多為歌功頌德的溢美之詞。但無論從書法角度還是從考古角度看，均極具價值。

■興城古城四合院

兩座牌坊均為岩石料雕琢而成，造型都是仿木結構，顯得高架凌空，竣嚴矗立，氣勢雄偉。

中柱和邊柱下端南北兩側下蹲大小石獅兩對，造型生動逼真，弓背昂首雙雙微作互相欲視之態。這兩座石雕藝術瑰寶猶如一首凝固的音樂，其優美的旋律時刻迴蕩在古城內外，給人以美的享受。

在延輝門路口，還有一座著名的遼西傳統民居住宅四合院，因宅院主人姓周而得名「周宅」。據說，它的建造者周永吉是一個擁有上千畝良田、兩家綢緞莊的地主兼商人。

周家住宅是典型的具有遼西民俗特色的四合院建築，臨街修有門房六間，進入天井，七間正房出廊抱柱，左右各有廂房三間，房屋古樸典雅、美觀大方，屋頂採用當地民居通用的囤頂，既防雨，又耐寒。

四合院是華北地區民用住宅中一種組合建築形式，是一種四四方方或者是長方形院落。一家一戶，住在一個封閉式的院子裡。四合院建築是中國古

老、傳統的文化象徵。「四」代表東西南北四面，「合」是合在一起，形成一個口字形，這就是四合院的基本特徵。

而廂房則是指正房兩旁的房屋，又稱護龍。在三合院、四合院中，由於正房通常坐北朝南，因此廂房通常為在東西兩旁相對而立，其中東廂房位於東側，坐東朝西，西廂房位於西側，坐西朝東。廂房在等級上低於正房，一般長輩住正房，晚輩住廂房。

■興城文廟遺址

周家住宅在近一個世紀的變遷中，幾經波折，經歷了近百年的風雨剝蝕，但還是較完好地保存了下來，現在是葫蘆島市級文物保護單位。

除了這兩座石牌坊和周家住宅，在興城古城內東南隅，還有古城內保存最完好的一處廟宇，名為文廟，亦稱孔廟，為舊時古城百姓祭祀孔子的地方。

孔廟始建於公元一四三〇年，是東北三省最古老的、遼寧省境內最大的一座文廟。公元一九八四年被列為遼寧省省級文物保護單位。

　　文廟分為內外院，內院有欞星門、泮橋、戟門、大成殿、崇聖祠、祭器庫、更衣亭、鄉賢祠、名宦祠等建築。外院以綠化為主。

　　欞星本來稱靈星，是天田星。漢高祖劉邦為了風調雨順，百姓安樂，就命令祭祀天田星。到宋代，儒家把孔子與天相配，所以在孔廟和儒學中，也都把祭祀孔子當作祭天，所以都築有靈星門樓。演變到後代，就把「靈星」改為「欞星」了。

　　文廟院內古柏參天，曲徑通幽，體現了濃厚的歷史文化。整個建築群，結構嚴謹、布局合理。照壁、欞星門、泮橋、戟門、大成殿、崇聖寺主要建築安排在整個建築中軸線上。

　　東西兩角各有一塊石碑，上刻「文武官員軍民人等至此下馬」，這就是從古至今的下馬碑，彰顯出這位功蓋天地「至聖先師」的威嚴。

　　文廟為三進院建築，東西垣牆南端，各有角門一座，東稱毓粹門，西稱觀德門。院內入門為第一進院。院南為照壁與南垣牆連立，院北有欞星門，與兩側的圓月門相接，圓月門旁邊築碑亭一座，亭內共立碑碣六面。

　　過圓月門，便是第二進院。院中泮橋縱跨，橋頭有戟門立於高台之上。庭院兩則配以更衣亭、祭品亭、多賢祠和名宦祠，顯得分外雅緻。入三進院，飛簷斗栱、畫棟雕梁的大成殿便映入眼簾。

■興城周家古宅

　　殿中供奉著孔子神位，兩側有四配十二哲。門額高懸康熙年間刻製的「萬世師表」巨匾一塊。大成殿兩側配有東廡和西廡，裡面供奉先賢、先儒。

■興城古蹟中的石獅子

■興城古蹟中的石獅子

在大成殿後，院中有崇聖祠，祠內供奉孔子的五世祖。此建築群體例完整、布局合理、結構嚴謹，工藝精雕十分考究。

蒼松蔭翳，古柏參天，曲徑通幽，廊柱朱漆、雕梁畫棟。這裡曾是古時人們頂禮膜拜的地方，步入莊嚴肅穆、儒氣十足的孔廟，給人一種莊重虔誠之感。

【閱讀連結】

興城古城內祖大壽石坊上的「玊音」兩字，原意是朽木或琢玉之功，音是借用字，表示皇上首肯的意思。關於這裡的「玊」字來歷，還有一個故事：

據說，當年祖大壽欺騙皇帝，當了寧遠總兵。為標榜自己功勛，他兩次徵集能工巧匠為其建牌坊，並吩咐石匠在牌坊上端刻「玉音」，這樣就假借此牌坊是遵照皇帝旨意而建的。

兩位石匠不滿祖大壽欺上瞞下的行為，便將「玉音」刻成了「玊音」。在牌坊落成之後，老石匠說：「奉聖旨修牌坊應刻『玉音』，皇帝親口答應應刻『玉音』，你修牌坊一無諭旨，二沒有皇帝的親口允諾，就得刻『玊音』了，這叫『萬歲點了頭』，否則皇帝就要怪罪下來。」祖大壽一聽覺得還挺有道理的，不但沒殺他們倆反而獎賞了他們。

國家圖書館出版品預行編目（CIP）資料

古城底蘊：千古傳奇的魅力古城 / 烏日克 編著 . -- 第一版 .
-- 臺北市：崧燁文化，2019.11
　　面；　公分
POD 版

ISBN 978-986-516-149-1(平裝)

1. 古城 2. 中國

681.1　　　　　　　　　　　　　　　　　　108018718

書　　名：古城底蘊：千古傳奇的魅力古城

作　　者：烏日克 編著

發 行 人：黃振庭

出 版 者：崧燁文化事業有限公司

發 行 者：崧燁文化事業有限公司

E - m a i l：sonbookservice@gmail.com

粉 絲 頁：　　　　　　　網　址：

地　　址：台北市中正區重慶南路一段六十一號八樓 815 室

8F.-815, No.61, Sec. 1, Chongqing S. Rd., Zhongzheng

Dist., Taipei City 100, Taiwan (R.O.C.)

電　　話：(02)2370-3310 傳　真：(02) 2388-1990

總 經 銷：紅螞蟻圖書有限公司

地　　址：台北市內湖區舊宗路二段 121 巷 19 號

電　　話:02-2795-3656 傳真 :02-2795-4100　　網址：

印　　刷：京峯彩色印刷有限公司（京峰數位）

定　　價：299 元

發行日期：2019 年 11 月第一版

◎ 本書以 POD 印製發行